博報堂

ヒット習慣メーカーズ

本能

スイッチ

HON-NOH SWITCH

JN093127

イースト・プレス

（はじめに）

正しいけどつまらないのは
よくない。
正しくて面白くなくちゃ。

もうずいぶん前の話ですが、ちょっと世の中を斜めに見たクリエイティブディレクターの先輩が、不敵な笑みを浮かべながら立ち話でそんなことを言っていたのを思い出します。なんじゃそりゃ、と感じつつも、なぜかその言葉がずっと頭の片隅に残っています。

このところ、仕事をしていると、"正しい"ことがどんどん優先されてきている気がします。デジタル化の影響なのでしょうか。効率的で合理的で道徳的なことが優先されていく。それはとても大事なこととわかりつつも、

ワクワクする機会が減ってきているように感じます。

話は変わりますが、私は落語を聴くのが好きです。立川談志師匠が「落語とは人間の業の肯定である」と定義していましたが、悪さをする人も、失敗する人も、性格がねじ曲がった人も、すべての「愛すべきダメ人間」の存在を認めて笑い飛ばそうというのが落語の本質で、その人間臭さに心揺さぶられるから好きなのです。例えば、「親子酒」という古典落語の演目があります。あらすじはこんな感じ。共にお酒が大好きな親子

あ、でも、
"正しくなくて面白い"のが
最強だよね。

がいて、息子の酒癖が悪いことから、父親は一緒に禁酒することになりました。しかし息子が出かけたある晩、父親は我慢できずちょっとずつ飲み始めてしまい、もう一杯もう一杯とついにはベロベロになってしまいます。そこに外出していた息子が帰ってくるのですが、その息子も父親同様にベロベロで帰宅。息子の様子を見た父親は回らない呂律で、「こいつの顔はさっきからいくつにも見える。こんな化け物にこの家は譲らないぞ！」と怒り心頭。それに対して息子がこう切り返します。「なんだと、俺だって

こんなぐるぐる回る家はいらねえや！」……おあとがよろしいようで。落語にはこのような話がいっぱいあって、どれも面白い。どこか自分に思い当たる節があるから面白いんですよね。そう、人間誰しも「愛すべきダメ人間」の素養があるというわけです。

これは、人間の本能に関係しています。お酒をやめようと思っても、つい飲んでしまう。ダイエットしようと思っても、ついケーキを食べてしまう。それらは、理性と本能のせめぎあいで本能が勝利したから起こるのです。なぜそうなってしまうか？　脳の構造

人間脳と動物脳

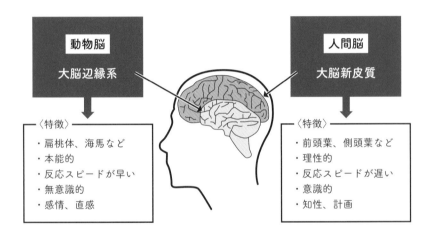

動物脳
大脳辺縁系

〈特徴〉
・扁桃体、海馬など
・本能的
・反応スピードが早い
・無意識的
・感情、直感

人間脳
大脳新皮質

〈特徴〉
・前頭葉、側頭葉など
・理性的
・反応スピードが遅い
・意識的
・知性、計画

を理解すれば合点がいきます。脳は玉ねぎのような構造で、真ん中に動物脳があり、そのまわりを人間脳が覆っています。動物脳が本能を、人間脳が理性をつかさどっているのですが、動物脳の方が歴史が長く、い

うならば"脳のセンパイ"なので、ついマウントをとりがち。そういう意味で、「愛すべきダメ人間」というのは、自然の摂理というわけですね。恥じることはありません!

（参考文献）
『現代落語論』三一新書　立川談志（1965）
『あなたも落語家になれる―現代落語論其2』三一書房　立川談志（1985）
『古典落語100席』PHP新書　立川志の輔（1997）
『カイタイ新書』秀和システム　博報堂 ヒット習慣メーカーズ著、中川悠編著（2020）

私は広告会社でマーケティングの仕事をしていますが、成功しているマーケティング事例を見てみると、論理的に説明しにくいことが多く含まれているなと感じるようになりました。なぜわざわざスティックを灰皿に捨てなければならない加熱式タバコが流行ったのか？　なぜ歯磨き粉はミントの味がするのか？　なぜエナジードリンクは独特の液色をつけているのか？　など。一見無駄なことに、成功の要因が詰まっているのです。

そんな、一見無駄だけどついつい欲しくなってしまう演出を「本能スイッチ」と名付けました。本書では、私たちヒット習慣メーカーズのメンバーが普段の業務を通じて発掘した様々な本能スイッチの具体事例を余すことなく紹介していきます。みなさんが生み出す商品やサービスをより魅力的なものにするためのヒントになれば幸いです。

博報堂 ヒット習慣メーカーズ
リーダー
中川 悠

（第一章）

本能スイッチとは？

さて、あらためて「本能スイッチ」とはなんでしょうか？　具体事例を紹介していく前に、その概要について解説をします。

本能スイッチを一言でいえば、人間の本能を刺激する、一見無駄だけどついつい欲しくなってしまう演出のこと。これをもう少しわかりやすく説明する上で、拙著「カイタイ新書」で紹介した習慣化ループの話をする必要があるので、しばしお付き合いください。

習慣化とは、無意識でつづける行為のこと。あれ？　今朝家のガスコンロ消したっけ？　朝の薬って飲んだっけ？　家出るとき鍵をかけたっけ？誰しもそういう経験があると思います。それは何もボケてきたという話ではなく、あなたの生活にその習慣が根差しているから。脳は常に意識的に考えていると疲れ果ててしまう。だから、無意識の方にお任せすることで上手に省エネしているわけです。脳の省エネ、それが習慣化です。「カイタイ新書」ではその習慣化のメカニズムを図のように整理しました。

「きっかけ」は習慣をはじめる引き金となるもの。「ルーチン」はきっかけの後に行われる具体的な行動。「報酬」は習慣を行うことで得られる具体的なメリット。例えばジム通いの場合、きっかけは「毎週金曜の夜になったら」、ルーチンは「筋トレをする」、報酬は「健康的で美しい体が手に入る」など。ここまでは比較的わかりやすいですね。問題は「触媒」というもの。これは、習慣を行っている最中に、「やってる感」や快感を演出

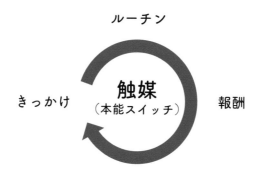

するものです。ジム通いの場合は、例えば「汗だくになること」などが挙げられます。実はこの触媒がないとなかなか習慣は続かないのです。なぜか？　それは「健康的で美しい体が手に入る」という報酬が、なかなか手に入らないから！　一週間たち、二週間たち、うーん全然変わらない……。なんだか飽きてきた……。人は結果が目に見えないとやりがいを感じなくなるもの。そうならないように、「汗だくになること」という「やってる感」がとても大事なのです。お気づきの方もいると思いますが、この触媒というのが本書のテーマである「本能スイッチ」のことです。触媒という名前をそのまま使ってもよかったのですが、少し専門用語的なので、本書では本能スイッチという名前に変えました。なので、以後は本能スイッチと呼ばせてもらいます。

さて、この「やってる感」を巧みに演出してくれる本能スイッチですが、私たちが分析したところ大きく5種類あることがわかりました。それが、「ミント型」「コンフォート型」「ダム型」「アナログ化型」「セレモニー型」です。順番に解説していきます。

本能スイッチを
5種類に定義する

❶ ミント型の本能スイッチ
「良薬は口に苦し」と昔から言います。その信憑性は定かではないですが、苦みがあるとなんとなく効いた気がしますよね。このように、強い刺激があると、実際の効果以上に感じてしまうのが「ミント型」の本能スイッチです。「ミント型」と名付けたのは、歯磨き粉に由来します。歯磨き粉に含まれているミントが、特に機能的な効果はないのに「歯磨きをしたときの歯がきれいになった感」を助長し、思わず使い続けたくなってしまうのです。

❷ コンフォート型の本能スイッチ
空気の入った梱包材をつぶして遊んだ記憶はないですか？ 特に何か得られるわけではないのに、ずっとやっ

てしまいますよね。あのプチプチとつぶす気持ちよさこそ「コンフォート型」の本能スイッチです。「コンフォート型」は「ミント型」に似ていますが、「ミント型」がスパイスのような強い刺激なのに対して、「コンフォート型」は気持ちよさを感じる本能スイッチです。

❸ ダム型の本能スイッチ
家計簿アプリは、あらゆる金融サービスと接続することで、自動的に家計簿管理ができて、資産総額の推移がグラフで表示されます。このグラフが増えていくのがうれしくて、お金の使い方や増やし方に興味をもつ人が増えているのです。このように、成長実感をグラフや数値によって見える化して、視覚に訴えるのが「ダム型」

の本能スイッチです。ダムのように蓄積していくのでそう名付けました。

❹ アナログ化型の本能スイッチ
デジタル化が進み、どんどん便利な世の中になってきました。でも、行きすぎた便利さは、その行為をしている実感、手ごたえ、ありがたみを感じなくさせてしまいます。例えば、電子決済を利用する際、レジのリーダーにタッチをしますが、そのときに「ピッ」という音がしなかったとしたら、どうでしょう？　ちゃんと支払えたか不安だな……と感じるはずです。このように、便利なデジタルサービスの「使っている感」を演出するのが「アナログ化型」の本能スイッチです。

❺ セレモニー型の本能スイッチ

先に説明した４つの本能スイッチは、動物脳に直接アプローチするものでしたが、「セレモニー型」は間接的にアプローチするものです。セレモニーは儀式という意味ですが、決まった手順で物事を進める行為のことを指しています。儀式を通じて、過去の記憶が呼び覚まされ、そのときの快感を思い出す。このように、間接的に動物脳へアプローチすることを「セレモニー型」の本能スイッチと名付けました。

小難しい話がつづきましたが、この後の具体的な事例を読んでもらえるとご理解いただけるでしょう。様々な企業が新しい商品やサービスを世に送り出す背景には、実に多くの工夫があふれているんだなとあらためて

感心させられます。本書では、そのような事例を本能スイッチの5つの型に分類して紹介していきます。

事例については、まず本能スイッチが仕込まれている写真やイラストを提示します。一度そこで、「ここに隠されている本能スイッチはなんだろう?」と思考を巡らせてみてください。少し考えたら答え合わせをしてみましょう。

また、事例ごとに、下記のような公式が書いてあります。

これについて解説しておきます。

まず、公式の左辺について。はじめに対象となる商品やサービスがどのような「メリット」をもたらすのか?について記載しています。使う人にどんないいことがあるか? ということですね。そのメリットをより実感、体感させるための演出を考える上で、本能スイッチの5つの型の中からどれを活用しているか? を特定します。

〔メリット〕 × 〔本能スイッチのタイプ〕 × 〔仕込む場所〕 = 本能スイッチ

例えば、気持ちいいというメリットならコンフォート型の本能スイッチを活用しようという具合です。そして、次に本能スイッチを仕込む場所を記載しています。これは、商品の物性だったり、パッケージだったり、ネーミングだったりどこに演出を加えるか？ということ。そして、それらを考えた結果、右辺に具体的にどんな「本能スイッチ」に至ったか？　の答えを書いています。これも具体例を見ながら理解していくのがいいです。

ちなみに、本能スイッチはひとつだけとは限らないので、解説文に書いてあること以外にあなたが発見したあらたな本能スイッチがあるかもしません。正解を探すよりも、自由な発想でぜひ楽しんでくださいね。

後半には本能スイッチをみなさんに使いこなしてもらうべく、実践的な事例を通じて、ケーススタディができるものを複数用意しました。最初のミッションのところで、自分が担当者になった気分で、公式に当てはめながら、商品の本能スイッチを複数考えてみてください。そのあと、本能スイッチの仕込み方を順番に追体験していきましょう。商品が徐々に魅力的になっていく過程が体感できると思います。

それでは、動物脳センパイを虜にしてやまない「本能スイッチ」を探る旅に出発しましょう！

（第二章）

ミント型

強い刺激があると実際の効果以上に感じる本能スイッチ

? 歯磨き粉の
本能スイッチなーんだ?

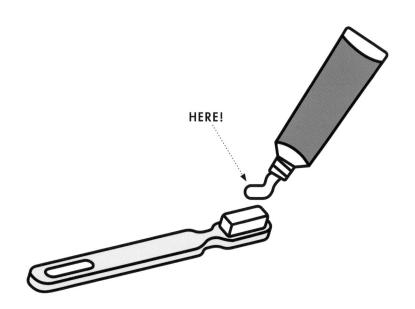

HERE!

！ 磨くたびに口全体に広がる
「ミントのスースー感」

歯磨き粉をつけて歯磨きをする。老若男女問わず誰もが毎日行っている習慣のひとつですよね。

歯磨き粉は昔からありましたが、最初はあまり使われていませんでした。多くの人が、歯磨き粉があるにもかかわらず、水で濡らしただけの歯ブラシで歯磨きを済ませてしまっていました。なぜなら、歯磨き粉をつけて磨いても何の変化も実感できず、ただの無駄なひと手間のように感じられたからです。そんなあるとき、ペプソデントという歯磨き粉が登場したのをきっかけに、歯磨き粉をつけるという行為が定着していったのです。

なぜ、ペプソデントが成功したのでしょうか?

それまでの歯磨き粉は、歯を健康に保つ成分は入っていても、効果がすぐにはわからないため、わざわざ使い続ける意味を実感しにくいものでした。そんな中、味付けとしてミントを入れたペプソデントが発売されました。現代の歯磨き粉のように、使うたびに口全体にスースーとした爽快感を得られる歯磨き粉が誕生したのです。

ミントそのものに洗浄力はないものの、そのスースー感が「歯がきれいになった!」と感じさせてくれます。一度歯磨き粉をつけて磨くだけでも効果実感を得られるようになったことで、使い続けてみようという気持ちになり、習慣化したというわけです。

これが、今回の5類型の中のミント型という名前の由来になった本能スイッチの代表事例です。

本能スイッチ ●

(メリット)		(本能スイッチのタイプ)		(仕込む場所)		
歯が美しく健康になる	×	ミント型	×	商品の味	=	ミントの刺激

? ブルーレットの
本能スイッチなーんだ？

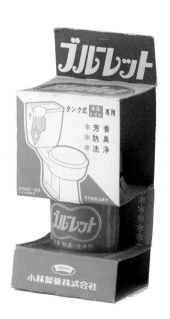

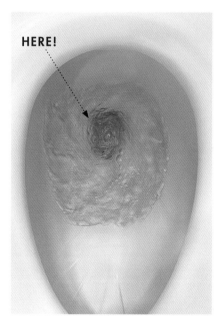

HERE!

! トイレを清潔な空間に
進化させた「青い水」

高度経済成長期の日本では、住空間が大きく進化しました。団地が急増し、下水道の整備が進んだことで、今までの汲み取り式トイレから水洗トイレへと徐々に変わっていったのです。そのときに生まれた商品が小林製薬のトイレ洗浄剤「ブルーレット」。当時の日本のトイレは、「臭い、汚い、暗い」空間でした。しかし、アメリカのトイレはまったくの別物。水洗で、「青い水」が流れて良い香りがしており、明るく清潔感あふれる快適な空間でした。日本はトイレ後進国だったのですね。それに衝撃を受けた小林製薬が、来るべき日本の水洗トイレ文化を見越して生み出したのが「ブルーレット」。たちまち日本中に広がっていきました。

この「青い水」にはいくつか効果があります。青という色は、色彩心理的に爽やかさ、涼しさを感じさせ、気持ちを落ち着かせる効果があります。今までの不快なトイレ空間から快適な場所へと進化させるにはもってこいです。また、透明の薬剤が流れるだけだと、本当にトイレがきれいになっているのかを実感しにくいですが、色がついているときれいになったことを体感できます。青い色素を入れずに透明なまま発売していたら、ここまでトイレ洗浄剤が普及しなかったのかもしれませんね。

ちなみに、便や尿の色で健康状態を把握したい人が増えたこともあり、透明タイプの洗浄剤を選ぶ人が増えてきました。毎日の暮らしを支えるトイレ。今後もさらなる進化を遂げていくことでしょう。

本能スイッチ ●

〔メリット〕 トイレを清潔空間に × 〔本能スイッチのタイプ〕 ミント型 × 〔仕込む場所〕 商品の色 = 青い水

汚れが際立つ綿棒の
本能スイッチなーんだ？

HERE!

業界のタブーに挑戦し、
はじめて登場した「黒という色」

耳 掃除や、細かい部分の汚れ取りに役立つ生活必需品、綿棒。最近よく見かける黒い綿棒は、白い綿棒と比較して「汚れがハッキリ見える」と人気です。実は、黒い方が取った汚れがよく見えるというのはかなり昔から製造者の間では常識だったのですが、長い間生産されることはありませんでした。

そのわけは、黒い綿棒は業界のタブーだったから。綿棒は衛生商品なので、清潔感が第一。確かに、もし純白の綿に隣でつくっている黒い綿が混ざってしまったら、不潔な感じがしますよね。日本で初めて黒い綿棒を開発した企業は、黒綿棒の製造ラインを別棟に設置し、完全に隔離することで、ようやく商品化にこぎつけたのです。

黒色が持つ、他の色を目立たせるという特性を活用してヒットした商品は他にもあります。例えば、白いまな板は大根や豆腐など同じ白色の食材を切るときに見えづらいというデメリットがありました。そこで、白から黒へと色を変えたところ、食材が見えやすくなりたちまちヒット商品となったのです。

身近な商品の中にも、実は本能を刺激する秘密が隠れていることがわかりますね。

さて、いまあなたの周りには何がありますか？　目に映ったその物体が、なぜその色なのか、なぜその形をしているのか、考えてみましょう。隠された本能スイッチが正体をあらわすかもしれませんよ。

本能スイッチ

（メリット）		（本能スイッチのタイプ）		（仕込む場所）		
汚れが取れている実感	×	ミント型	×	商品の色	=	業界のタブーの黒色

ミント型

HERE!

体ではなく心に作用する
「ビビッドな液色」

こぞというときに活力を与えてくれる現代人の味方、エナジードリンク。カラフルなパッケージ、強めの炭酸、スパイシーで刺激的な味わいが支持され、多くの人に愛飲されています。そんな発奮効果をさらに高める本能スイッチが、ビビッドな液色にありました。

イギリスにあるウエストミンスター大学は、パフォーマンスと飲み物の色の関係を調べるべく、被験者に糖分が入った同成分のスポーツドリンクを、透明のものとピンクに着色したものをそれぞれ飲ませ、その後の運動パフォーマンスを計測する実験を行いました。結果は、ピンクに着色したほうが、運動パフォーマンスが向上。ピンクが糖分を連想させる色であるため、よりエネルギーを補給している錯覚を起こしたことを示唆しています。

このような色の心理効果は、ハイパフォーマンスが求められるスポーツ界で注目されており、例えば、ユニフォームやチームカラーが赤色であると攻撃性や興奮を引き起こし勝率が高くなるという研究結果があります。格闘技のタイトルマッチなどで赤コーナーがチャンピオン、青コーナーが挑戦者と決められた背景も、チャンピオンには青コーナーを見ることで冷静さを保たせ、挑戦者には赤コーナーを見て闘争心を掻き立てさせるためとも言われています。もう一踏んばりしたいとき、あえてビビッドな液色を眺めながら、エナジードリンクを飲んでみてはいかがでしょうか。

本能スイッチ ●

（メリット）		（本能スイッチのタイプ）		（仕込む場所）		
発奮効果	×	ミント型	×	商品の色	=	ビビッドな液色

**? ファミチキの
本能スイッチなーんだ？**

HERE!

※現在はデザイン変更になっております。

！ファストフードの王道カラーである
「赤色×黄色デザイン」

赤色と黄色のデザインを見ると、なんだかお腹がすいてきませんか？　ファミチキにとどまらず、ファストフード店のロゴデザインも、なぜか赤色と黄色が活用されていることが多いですよね。実は、この赤色と黄色の組み合わせには、心理的作用が大きく働いているのです。

まず、食べ物の色は、食欲と密接に関係しています。ある研究で、「食べ物の色によって食欲が増減すると思いますか」という質問に対して、男性で80.6%、女性で92.4%もの人が、関係があると答えており、食べ物の色によって食欲が左右されることが示されています。中でも、赤色は刺激や食欲、空腹感を引き起こし、黄色は幸福感、親愛感を生み出します。そして赤色と黄色の組み合わせは、スピード感を感じさせてくれます。さらに、黄色は日中最も目に付きやすい色であり、色は文字や形よりも視覚に訴えかけてくるため、私たちはついついファストフードに引き寄せられてしまうのです。

一方で、寒色系の青色や青紫色は、食欲増進にほとんど効果をもたらさない色であるとされています。食品系のパッケージを見ていただくとわかりますが、青色などの寒色系が活用されているものは少ないですよね。

以上のように、色が与える影響はとても大きく、ファミチキが美味しいことはもちろんですが、赤色と黄色を活用したデザインが今のヒットにつながっていると言っても過言ではないと思います。

本能スイッチ ●

〈メリット〉		〈本能スイッチのタイプ〉		〈仕込む場所〉		
スピード感と満足感	×	ミント型	×	包装紙や看板のデザイン	=	赤色×黄色デザイン

? 空気清浄機の
本能スイッチなーんだ？

HERE!

！見えない空気の汚れを
見える化した「赤色のランプ」

現在は、一家に一台あるほど普及した空気清浄機。購入する理由として、ほこり対策やにおい対策はもちろん、花粉対策や PM2.5 対策などが挙げられます。また最近では、COVID-19 などのウイルス対策の一環として購入している人も多くみられます。でもその効果って、どの程度実感されているでしょうか。空気中のほこりが減少した、生活臭を感じにくくなった、花粉症の症状が軽減した、風邪をひきにくくなった、などの効果があると思いますが、これらはあくまで後になって振り返ったら感じるものであり、実際に使っている瞬間に、「うん効いてる！」と効果を実感することは少ないのではないでしょうか。

そんな人のために多くの空気清浄機には、使っている瞬間も、ちゃんと働いているということを実感できる仕掛けが施されています。それは、赤色ランプです。空気が汚れていることを検知すると、赤色ランプが点灯するのです。これは目に見えない空気の汚れを見える化することで、使用している瞬間の効果実感へとつなげています。

また、一部のドライヤーで搭載されているマイナスイオンモードの青色ランプも目に見えないマイナスイオンを見える化することで髪にうるおいを与えてくれていることが感じやすくなっているのです。

このように、目に見えないものの効果をより実感してもらうために、可視化することはとても重要になってきます。

本能スイッチ ●

（メリット）		（本能スイッチのタイプ）		（仕込む場所）		
空気がきれいになった感	×	ミント型	×	商品の付加機能	＝	赤色ランプ

？ カフェで仕事がはかどる
本能スイッチなーんだ？

！ 集中力を高めてくれる
「ホワイトノイズ」という、いい雑音

Wi-Fiとパソコンさえあれば、今やどこでも仕事ができてしまう時代。自宅やオフィスよりもカフェのほうが集中できた、なんて経験はありませんか?

実はこれ、人の集中力を高める「いい雑音」の影響が大きいと考えられています。雑音と聞くと悪いものに思えますが、ものによっては集中力やリラックス効果を高めてくれるのです。これは「ホワイトノイズ」とも呼ばれ、例えば、なかなか寝付けないとき、ドアの開閉音や道路を走る車の音などの小さな物音が気になり目が冴えてしまうのに、雨音や扇風機の音が鳴り響くときは、逆に寝つきがよかったなんてこともあるでしょう。実はこれも「いい雑音」。静かな場所に突如雑音が入ると気が散ってしまいますが、最初から適度な雑音があると不意に聞こえる物音などをかき消し、気にならなくなるわけです。人はうるさすぎず無音でもない一定レベルのノイズ環境に身を置くことで、創造的思考を司る脳の働きが刺激され、集中力が高まると言われています。ある実験によると、この一定レベルのノイズ環境がカフェのざわざわ感に該当することが明らかにされています。カフェのほうが自宅よりも仕事が捗るのは、科学的根拠があるのです。ここ最近では、この「いい雑音」をうまく取り入れたコワーキングスペースもあります。いつもの環境で仕事に集中できなくなっている人は、あえて雑音がする場所でやってみるのもいいかもしれません。

本能スイッチ ●

（メリット）集中力が高まる × 本能スイッチのタイプ ミント型 × 仕込む場所 空間デザイン ＝ ホワイトノイズといういい雑音

新型フィットネスの
本能スイッチなーんだ？

HERE!

没入感や集中力を感じやすくなる
常識破りの「照明の暗さ」

米国で発祥し、日本やヨーロッパなどでも定番になりつつある新しいフィットネス形態があります。その特徴は、常識破りの照明の暗さ。暗い空間の中でエクササイズを行う「暗闇フィットネス」という新形態です。爆音の音楽が流れ、他の参加者の姿が見えにくいクラブのような暗い部屋で、ボクササイズやエアロバイクでハードに体を動かすレッスンが好評を得ています。あえて暗くしたことがポイントで、体験者からは周りの目を気にせず無我夢中に体を動かすことができ、心地よい没入感が得られるというレビューが多くみられます。これは、卓上だけにスポットライトの当たる暗めの学習環境だと集中力が高まるように、暗くすることで視界から入る情報量が少なくなり、人は没入感や集中力を感じやすくなるからだといえます。他にも、あえて暗闇にして没入感を演出する例として、暗闇の中で感覚を研ぎ澄ませて、じっくり美食を味わう、「ダークダイニング」と呼ばれるレストラン形態があります。体験者は口をそろえて「味覚が解放され、想像力が掻き立てられた」と話し、見えないことがかえって食事体験の価値を高めていることがわかります。

暗闇には人々を開放的にし、他者との一体感を得やすくする効果もあり、米国の社会心理学者のケネス・J・ガーゲンが「暗闇効果」と提唱しています。暗闇の可能性に目を向けてみると、新たなビジネスが生まれるかもしれませんね。

本能スイッチ ●

（メリット）		（本能スイッチのタイプ）		（仕込む場所）		
没入感	×	ミント型	×	空間デザイン	=	室内を暗闇にする

? 黒烏龍茶のボトルの
本能スイッチなーんだ？

HERE! ·········▶

! 脂肪がなくなったおなかを
連想させる「くびれボディ」

脂肪がつきにくい、脂肪吸収を抑えるなど様々な効能があり、ダイエット効果を期待して購入する人も多いトクホ茶ですが、「サントリー黒烏龍茶」にもつい手に取ってしまう演出がパッケージに隠されています。それが、引き締まった"くびれボディ"のデザイン。そう、黒烏龍茶のボトルデザインは、中心部がキュッとくびれ、余分な脂肪がなくなったおなかを連想させるような形になっています。お店の棚で眺めてみると、他の商品よりも引き締まったシェイプが目立ち、「痩せそうな気がする！」と直感的に思えるパッケージだと感じます。これはユーザーが得られる「脂肪の吸収を抑える」という報酬を、「くびれボディ」というモチーフに変換して、うまくパッケージに落とし込んでいる例といえます。また、トクホのコーラやゴマ油でも、同様のデザインを取り入れた商品が発売されており、脂肪の吸収を抑える効果を伝えたいトクホ商品ならではの王道デザインといえそうです。このように、報酬を感じさせるモチーフをパッケージに活用する手段は、トクホに限らず他の商品でも見られます。同社の「THE STRONG 天然水スパークリング」は、爽快感を売りにした強炭酸飲料なので、バキバキとひび割れたモチーフがボトルデザインに施されていて、これが好調の一因となっています。商品から得られる報酬を、デザインモチーフに変換してパッケージで表現するという視点は、本能スイッチを考える上でひとつのヒントになるのです。

本能スイッチ ●

（メリット）		（本能スイッチのタイプ）		（仕込む場所）		
痩せそう感	×	ミント型	×	パッケージ	=	くびれボディのボトルシェイプ

HERE!

！ 感覚的に清潔感をもたらす
「銀色」のパワー

制汗剤や洗濯洗剤などの中でも除菌や抗菌系の商品には銀色のパッケージが採用されることがあります。これはなぜなのでしょうか。「銀色」には「金属っぽい」「洗練されている」「都会的」「未来感がある」などのイメージがあるかと思います。「銀イオン」（Ag+とも表記）は微生物や菌などに対して効果があるため、様々な除菌や抗菌商品に配合されています。このため銀色は「清潔感」のイメージにもつながっているのです。

除菌や抗菌商品は、これらのイメージを持つ銀色をパッケージに採用することで効果がさらに演出され、その商品を選び続けることに知らず知らずのうちにつながっているのです。

色が持つ心理的な効果は絶大です。

例えばオーストラリア政府は喫煙率や喫煙頻度の低下を目的に調査機関と様々な調査を実施。パッケージに「茶色（PANTONE448C）」を採用すると最もタバコが魅力的に見えなくなることを発見しました。そこでタバコにはリスクを伴うことを印象付けるために、この色をパッケージに使うことを法律で制定。この法律は他の国でも取り入れられることとなりました。

除菌や抗菌商品のように効果を強化し使用を促進することもできれば、逆にオーストラリアのタバコのように過度な使用を抑制することもできるパッケージの色は上手に使えば強力な本能スイッチになってくれるのです。

本能スイッチ ●

（メリット）　　（本能スイッチのタイプ）　　（仕込む場所）

抗菌感と清潔感 × ミント型 × パッケージ ＝ 銀色

熱さまシートの
本能スイッチなーんだ？

「こんにゃくのようなジェル触感」が
生み出すヒヤッと感

熱が出たときに、誰もが一度はお世話になったであろう「熱さまシート」。

おでこにずっと貼っていても、なぜすぐに温かくならないのだろう？　と不思議に思ったことはありませんか？その理由は、水分が蒸発するときに熱を奪うことを利用し、ジェルにたっぷりと水分を含ませてシートが乾ききるまで冷感を生み出すという仕組みにあります。さらに、その水分の中にメンソールを含ませることで、体温マイナス2度を7〜8時間保てるように設計されています。ただ、冷感の発生は水分の蒸発まで待たなければいけないはずなのに、冷却シートを貼った瞬間に強くヒヤッと感じる人も多いのではないでしょうか。このヒヤッと感の正体は、水分蒸発時の冷感とは無関係の"こんにゃくのようなジェル触感"にあります。この触感は、「熱さまシート」の開発者のある経験から生まれました。開発者は当初、おでこにあててもずれない貼るタイプの冷却シートの開発に取り掛かるも、ほどよい冷感が作れずに悩んでいました。そんななか、うっかり居酒屋で手の上に刺身こんにゃくを落とし、ヒヤッと感じたのをきっかけに「これだ！」と閃きました。そこからは、自分のおでこを犠牲にし、居酒屋で感じた"こんにゃくのようなジェル触感"を追求してひたすら試行錯誤を繰り返しました。その結果、あのヒヤッと触感ができたのです。あまりの気持ちよさから、発熱時のみならず、夏の暑さをしのぎたいときなど、広く使われるようになりました。

本能スイッチ ●

（メリット）		（本能スイッチのタイプ）		（仕込む場所）		
つけた瞬間から感じられる冷たさ	×	ミント型	×	商品の素材	=	こんにゃくのようなジェル触感

? マウスウォッシュの
本能スイッチなーんだ?

HERE!

！口内がごっそり洗浄された感覚になる
「強いピリピリ感」

マウスウォッシュといえば、虫歯、歯周病、口臭をケアできる、口腔ケアの救世主。

ただ、マウスウォッシュと聞くと、それらの効果よりも先に、口に含んだときの強いピリピリ感を思い出す方もいるのではないでしょうか？　なぜなら、この強いピリピリ感こそが、歯磨きではカバーしきれない細かい汚れや口内の菌を殺菌できたような感覚を味わわせてくれるからです。

歯科衛生士の話によると、実はこのピリピリとした強い刺激の正体は、殺菌のためでなく味と香りの調整のために入れられたアルコールなんだとか。そのため、このピリピリとした刺激が強すぎて合わない方のために、ノンアルコールタイプの商品も用意されています。しかし、今でも世界的な主流はアルコールの入ったタイプのマウスウォッシュ。その理由は、このピリピリとした強い刺激こそが口内の奥にある菌や汚れまでごっそりと洗浄されたことを感じるサインになっているからです。

強い刺激が効きそうだと思わせるのは、口に含むものだけに限りません。例えば、整体。歪みを治す際には骨をボキボキとならす方が効果的だと考えるかもしれません。しかし、実はあの音は、縮めたりすることでその間にたまった気泡が弾けて生じているだけです。つまり、歪みの矯正という意味では、音は必要ではありません。ただ、私たちは刺激の強い方が効果があるんじゃないかとつい本能的に考えてしまうものなのです。

本能スイッチ

（メリット）口内がごっそり洗浄された感 × （本能スイッチのタイプ）ミント型 × （仕込む場所）商品の物性 ＝ アルコール配合によるピリピリ感

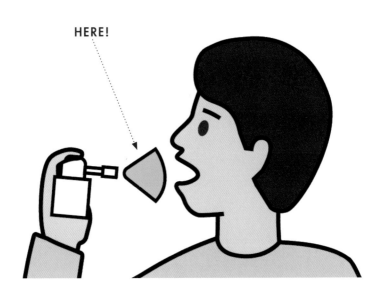

HERE!

口だけじゃなく、
気分までスッキリする「香味成分」

なんだか自分の口臭が気になるなと感じたら、サッとケアができるマウススプレー。マウススプレーを使うと、口の中でスッキリした感覚を味わうことができますよね。マウススプレーには、商品によって様々な"香味（フレーバー）"がつけられています。この香味、実は口だけでなく気分をスッキリさせてくれる上で欠かせない存在だったのです。

香りをかぐと、鼻の粘膜から自律神経に働きかけ、色々な影響を与えます。自律神経は、交感神経と副交感神経からなっていて、交感神経は車のアクセルのようなイメージで、身体の動きを向上し、集中力を高める役割。一方、副交感神経は車のブレーキのようなイメージで、身体の動きを落とし身体を休める役割があります。

実は香りの種類によって、働きかける神経が異なるのです。

レモンやローズマリー、ペパーミントといった香りは、交感神経に働きかけることでリフレッシュし、スッキリとした気持ちにさせる効果があります。また、ラベンダーやローズの香りは副交感神経に働きかけることでリラックス効果を得ることができます。

実際に日常生活において、気分転換をしたいと感じたときにマウススプレーを使用する人も多いのではないでしょうか。

香りの演出が加わることで、口の中だけでなく気分までスッキリできることにつながるため、日常生活の様々なシーンでマウススプレーが使われるようになったのです。

本能スイッチ ●

（メリット）　スッキリする × （本能スイッチのタイプ）　ミント型 × （仕込む場所）　商品の物性 ＝ 香味成分配合

? 汗拭きシートの
本能スイッチなーんだ?

HERE!

！「清潔感」というよりも
拭いた瞬間のあの「ひんやり感」

汗をかいたときにいつでも手軽に使える汗拭きシートは、夏になると多くの人に愛用されるヒット商品です。

高温多湿の日本では、べたつく肌をさっぱりしたいと感じる人が多いため、汗を拭き取って不快感をなくし清潔感を保つためのアイテムとして汗拭きシートが定着しました。でも、ただ汗を拭うだけならハンカチやタオルでいいのに、なぜ汗拭きシートをついつい使ってしまうのでしょうか。

その理由は、あの「ひんやり感」にあると考えます。汗拭きシートを使っても、急激に体温が下がるわけではありません。しかし、実際にはどうにも暑くて汗が止まらない状況から、クーラーがガンガンに効いている部屋へと導かれるような、一気に冷や

してくれる感覚に襲われるのです。その急な温度変化、ひんやり感が本能スイッチとなり、汗拭きシートは使い続けられていると考えられます。

このように自身の置かれた状況から、求めている状況へと一気に誘う温度変化は、「ひんやり感」だけでなく、「ホット感」でも、うまく活用されています。その代表例が、ホットアイマスクです。目がつかれたときに、硬直している目の周りの筋肉を一気に「ホット」にしてくれることで、緊張状態から解放されて、心まで和らげてくれます。

今後も、季節に応じて「ひんやり感」や「ホット感」が本能スイッチとなっている商品が、ますます注目を集めるかもしれませんね。

本能スイッチ

(メリット)		(本能スイッチのタイプ)		(仕込む場所)		
清潔になった実感	×	ミント型	×	商品そのもの	=	ひんやり感

? ヘルシア緑茶の
本能スイッチなーんだ？

HERE!

あえて残した
「あの苦味」

近年の健康意識の高まりとともに一大市場となった特定保健用食品、通称トクホ。今では様々な商品を目にしますが、その草分け的存在が、2003年に花王から発売された「ヘルシア緑茶」でした。一般的な緑茶に比べ高濃度の茶カテキンが含まれていることで脂肪を燃焼しやすくする同商品は、あの独特な苦味があるにも関わらず、多くの人に愛飲され、空前の大ヒットを記録しました。実はこの苦味、ある程度軽減することができる技術がありながら、本能スイッチとしてあえて残されていたのです。

そもそもダイエットは一朝一夕でできるものではなく、長い目で見なければその効果はわかりにくいもの。そんな中、すっと飲めてしまっては、本当に自分が健康になっているのか、その瞬間ではわかりません。しかし、強い苦味があると、飲んで効いている実感が強まり、次第に「苦味＝健康」という好意的な感覚が芽生え、結果的に多くの人の習慣化を促しました。子どもの頃は苦くて苦痛に感じたコーヒーが、大人になると「飲める」そして「おいしい」と脳が認識していくのも、カフェインによるリラックス体験が好意的な経験として積み重ねられた結果です。

人はついつい楽なものやことを考えてしまいがちですが、実はちょっとした刺激や苦痛がある方が続けられるのかもしれませんね。

本能スイッチ ●

（メリット）痩せそう感 × （本能スイッチのタイプ）ミント型 × （仕込む場所）商品の味 ＝ 苦味

? 蚊取り線香の
本能スイッチなーんだ?

HERE! ········>

蚊が寄り付かなくなる気がする
どこか懐かしい「あの香り」

夏になると大活躍する蚊取り線香。あの緑の渦巻き模様に立ち上がる煙と独特な香り。その光景を思い浮かべるだけでも趣深く、蚊取り線香を出すと夏が来たと実感する方も多いでしょう。

蚊取り線香を使う最大の目的は、その名の通り蚊を退治したり寄せ付けなくしたりすることです。

日常的に蚊取り線香を使っている人でも、その殺虫成分について知る人は少ないでしょう。しかし、あの独特な香りが、なんとなく蚊を追い払ってくれているように感じませんか？　事実、1890年に金鳥が開発した世界で初めての蚊取り線香には、あの香りが殺虫成分として使われていました。古くから殺虫効果があるのが知られていた、ヨーロッパ原産の「除

虫菊」という花の粉末を使用していたのです。その後の技術革新によって、化学合成された殺虫成分が開発され、殺虫成分としての除虫菊は使用されなくなりました。その結果、蚊取り線香の香りは原料である木粉などの植物成分が燃えたものに変わってしまいました。この香りでは従来から愛されてきた「金鳥の蚊取り線香」でなくなってしまうと考えた開発者は、香り付けのためだけに原料に除虫菊を練り込み、昔からの変わらない香りを実現したのです。そしていまやあの香りが、夏の風物詩となっています。あの香りがあることで、ちゃんと蚊取り線香が機能しているように感じられ、夏でも蚊を気にせずゆったりと過ごせるようになるのですね。

本能スイッチ

〈メリット〉蚊が寄り付かなくなる気がする × 〈本能スイッチのタイプ〉ミント型 × 〈仕込む場所〉商品の物性 = 独特な香り

! 記憶や感情を呼び覚ます
ブランド特有の「独特な香り」

日常生活の中で何かの香りを嗅いだとき、ふと過去の記憶や感情がよみがえった経験をしたことはありませんか？

"香り"がきっかけとなって特定の記憶や感情が呼び覚まされる現象を「プルースト効果」と言います。"プルースト"という言葉の由来は、フランスの小説家であるマルセル・プルースト氏の著書内で、主人公が紅茶にマドレーヌを浸したときの香りで幼少期の記憶が鮮やかによみがえったシーンからきています。このプルースト効果、実はビジネスの世界で意図的に活用されているのです。

アパレルブランドの店舗に入ったとき、そのブランド特有の香りを感じたことがあると思います。ブランド特有の香りはブランドセントとも呼ばれ、伝えたいブランドイメージに基づいてつくられています。この香りによって知らず知らずのうちに私たちの本能スイッチは押されているのです。というのも、五感の中で唯一、嗅覚は本能や感情を司る大脳辺縁系と直接つながっています。そのため嗅覚を刺激することが最も記憶や感情を呼び起こしやすいことがわかっているのです。

店舗でブランド特有の香りを感じることで、本能スイッチが押されます。そしてどんなブランドであるのかを理解し、その香りを嗅ぐとブランドのことを思い出すようになるのです。印象に残るブランド体験をつくる上で、香りは私たちの目には見えない心強い味方になる可能性を秘めています。

本能スイッチ ●

〔メリット〕		〔本能スイッチのタイプ〕		〔仕込む場所〕		
ブランドの世界観の伝達	×	ミント型	×	店内の体験	=	店内の独特な香り

人々の命を守るために
あえてつけた「不快」なにおい

ガスを点火した瞬間にふと感じるタマネギが腐ったようなにおい。実は後付けされたものだということをご存じでしたか？　私たちが普段よく利用しているガスは本来無臭。無臭のガスに「付臭剤」で香りづけをしているのです。この付臭剤、空気中のガスの濃度が微量でも人が気づけるようなにおいです。

このような不快なにおいをあえてつけるようになったのはなぜでしょうか？

きっかけは 1937 年にアメリカで起こったガスの漏洩による爆発事故です。当時ガスは無臭だったためガス漏れに気がつかず、大惨事につながってしまいました。この事故以降、ガスにあえてにおいをつけることが世界的に普及し、日本でも 1957 年以降、都市ガスや LP ガス各社でにおいが付けられるようになりました。意外とガス臭は歴史が浅いですね。

せっかくならいい香りにしてくれてもいいのに…と思うかもしれませんが、例えば香水のような心地よい香りだと人は危険を感じられません。「不快なことは回避したい」という脳の反応がおきないからです。

その他にも不快感をうまく活用しているものとして、公園などで聞こえる「キーン」という高い音（モスキート音）があります。この高音をあえて流すことで若者の公園などでのたむろ防止を狙っています。

「あえての不快感」によって、知らず知らずのうちに自分の身や秩序が守られているのです。

本能スイッチ ●

（メリット）	（本能スイッチのタイプ）	（仕込む場所）	
危険を察知できる	× ミント型	× 商品の物性	＝ 不快なにおい

HERE!

グラスの底の「小さなキズ」によって生まれる美しい泡

皆さんは乾杯酒と聞くと何を思い浮かべますか？　一般的に炭酸の刺激や上に向かってシュワシュワと浮かぶ泡が高揚感を演出すると言われているため、炭酸を含むお酒が楽しい会のはじまりを告げる乾杯のお決まりとなっています。特に結婚式などのおめでたい席では、シャンパンが乾杯酒の定番となっています。とりわけシャンパンがこれらの席で人気なのは、シャンパングラスに注いだときの泡がきれいに上がっていく様子がなんとも美しく高揚感を覚えるからです。実は通常のコップやワイングラスにシャンパンを注いでもシャンパングラスほど美しい泡にならないことはご存じでしょうか？

シャンパングラスの底には小さなキズが入っていて、そのキズがあることでシャンパンの美しい気泡が際立つのです。シャンパンで有名なシャンパーニュ地方にある大学では、シャンパングラスと泡の関係性を科学的に研究しているほどです。シャンパンの広告でも黄金に輝くキラキラとしたビジュアルがたびたび活用されますが、これらもシャンパンの泡をイメージさせる表現になっています。

シャンパンも飲み物である限り重要なのは味であることに間違いありません。しかし「シュワシュワと浮かぶ泡」のように美味しさや高揚感を演出してくれる本能スイッチを発見してそれを強調することで、商品の魅力を増すことができるのです。

（メリット）　　　　（本能スイッチのタイプ）　　　（仕込む場所）　　　　　　　　　　本能スイッチ ●

乾杯の高揚感をより感じられる　×　ミント型　×　商品の付加機能　＝　底のキズによって生まれる美しい泡

(第三章)

コンフォート型

気持ちよさを感じてつい続けたくなる
本能スイッチ

本能スイッチなーんだ？

HERE!

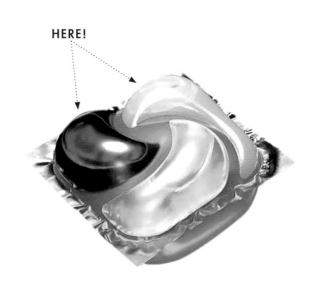

! 子ねこの肉球と同等の癒し効果？
愛情ホルモンの出る「ぷにぷに感」

粉末でもない、液体でもない、第3の洗剤がキャッチフレーズの、アリエールジェルボール。特殊な素材を使用して透明のボール状にした洗剤を、一個つまんで洗濯機に入れるだけで洗濯準備が整うという優れもの。計量が必要ないので時短になる！　と評判ですが、つい使い続けたくなる本能スイッチのひとつは「癒し」に隠れているのかもしれません。着目したのは、蓋を開けたときの大きな宝石のようなビジュアルと、指でつまんだときの何ともいえないぷにぷに感。

人間は癒されたと感じ取る際、その判断基準が「視覚」「聴覚」「体性感覚（触覚や嗅覚）」の大きく3つのタイプに分かれ、中でも大半が3番目の「体性感覚」で構成されてい

ます。体性感覚では柔らかいものに好印象を抱く傾向があり、ぷにぷにと柔らかいものに触れた瞬間、脳が刺激され愛情ホルモンが放出される仕組みになっています。

でも、頭で考えるとちょっと難しく感じるかもしれません。目をつぶって、子ねこの肉球を想像してみてください。ピンク色でぷにぷにの肉球の柔らかさが人間の脳を刺激し、無条件に癒されることを、きっと容易に理解できるはずです。

つい手に取りたくなる美しいビジュアルと、指でつまんだときのぷにぷに感を兼ね備えたジェルボールだからこそ、洗濯する人に癒しを与えることができるのかもしれませんね。

コンフォート型

本能スイッチ ●

（メリット）洗濯が楽しくなる × （本能スイッチのタイプ）コンフォート型 × （仕込む場所）商品そのもの ＝ ぷにぷに感

シャンプーの
本能スイッチなーんだ?

HERE!

スッキリ洗えた実感を演出する
「もこもこ泡」

洗髪で使用するシャンプー。一般的な泡立つシャンプーの他にも、泡立たないクリーム状のシャンプーや水で洗い流さないドライシャンプーなど様々な種類のものが存在しています。これらの泡立たないシャンプーも、決して洗浄力が劣るということはなく、しっかりと頭皮や髪を洗うことができます。

ただ、たっぷりの泡で洗うとなんだか気持ちがいいですよね。実はこの泡は、私たちが心理的な気持ちよさを感じるための本能スイッチの役割を果たしています。

シャンプー時のたっぷりの泡を「もこもこ泡」と表現すると、しっくりくる人も多いでしょう。泡質をデザインして「もこもこ」させることで、その触感によって得られる気持ちよさから心地よくスッキリ洗えた実感を演出しているのです。

ちなみに、泡の表現って「もこもこ」以外にも「なめらか」「ふわふわ」など様々なバリエーションがありますよね。

泡をともなう様々な商品の裏で、実は商品の使用用途に合わせて泡はデザインされ、私たちの生活を彩ってくれています。例えばビールの「なめらか泡」。泡がないビールよりも泡がある方がおいしそうに見えませんか？このビールの「なめらか泡」が、飲んだときの口当たりの柔らかさやクリーミーさを引き出し、ビールの美味しさを演出してくれています。

各商品にあう泡の使い分けによって幸せな気持ちもまたつくられているのです。

（メリット）スッキリ洗えた実感 × （本能スイッチのタイプ）コンフォート型 × （仕込む場所）商品の物性 ＝ 本能スイッチ ● 泡

❓ ポテトチップスの 本能スイッチなーんだ？

HERE!

生じゃがいも	生じゃがいも	生じゃがいも	生じゃがいも	生じゃがいも	生じゃがいも	生じゃがいも	マッシュポテト	生じゃがいも	生じゃがいも
×	×	×	×	×	×	×	×	×	×
—	〰	〰	〰	〰	〰	〰	—	×	▬
×	×	×	×	×	×	×	×	×	×
通常フライ	通常フライ	通常フライ	通常フライ	通常フライ	伝統的釜揚げ製法	伝統的釜揚げ製法	通常フライ	THIN製法	二度揚げ製法
=	=	=	=	=	=	=	=	=	=
パリッ	ザクッザクッ	さっくり	サクサクほろほろ	サクッホロッ	カリカリ	バリバリ	パリッ	くしゃっ	カリッザクッホクホク

※パッケージは本書刊行時のデザインです。

❗ パリッ、カリカリ、 ザクッザクッ、パキッ

ポテトチップスにおいて食感はとても重要なポイント。お菓子メーカーのカルビーはなんと食感のバリエーションで商品を差別化しているんだとか。ポテトチップスは「パリッ」、堅あげポテトは「カリカリ」、シンポテトは「くしゃっ」と各商品の食感を異なる言葉で表して、それぞれが同質化することなく独自の存在たりえているのです。

このザクザクとか、バリバリとかの「おいしそう」と感じ、食欲をそそる言葉を広告業界で「シズルワード」と呼びます。肉がジュージュー音をたてたり、肉汁が滴り落ちたりするおいしそうな様子を表す英単語 sizzle に由来しているのです。アメリカのファミレスチェーンの Sizzler の名前の由来はここから来ています。このシズル

ワード、商品を眺めてみるとあらゆるところに登場します。「ふわふわ」なオムレツ、「もっちり」とした和菓子などポテトチップスのような食感系。「コク」のあるビール、「旨味」のある緑茶、「スパイシー」なカレーなど味覚系。さらには「産地直送」の野菜、「無添加」のスープ、「焼きたて」のパンなど情報系もあります。

ちなみに、このシズルワードですが、社会の変化とともに人気の言葉が変わるのです。例えば、不景気になると「濃厚」とか「贅沢」とか、食べ応えのある言葉に人気がでてきます。Google トレンドで検索キーワードをシズルワードで調べてみると、時系列で検索数が増減しているのがわかり、生活者の関心の変化がわかるので、ぜひ試してみてください。

本能スイッチ ●

（メリット）　　　　（本能スイッチのタイプ）　　　（仕込む場所）

食べごたえ × コンフォート型 × 商品の食感 = シズルワード

? 子どもがよろこぶハンドソープの本能スイッチなーんだ?

お花で
出てくる
泡スタンプ

にくきゅうで
出てくる
泡スタンプ

HERE!

HERE!

ビオレu 泡スタンプハンドソープ

医薬部外品 殺菌・消毒 販売名 ビオレu Hf

**! 「泡スタンプ」による
かわいいかたちの泡**

子どもが幼稚園や保育園の頃から指導される「手洗い、うがい」。まだ手洗いの重要性を理解しきれない子どもにとって、手洗いはただただ面倒くさい作業です。なかなか積極的にやりたがらず頭を悩ませているご家庭も多いと聞きます。この問題を楽しく鮮やかに解決している仕組みがあります。それは、「面倒なものを楽しいと錯覚させる魔法」です。

その魔法の正体は、ハンドソープの泡が出てくる部分のポンプの形を変更することで、手のひらに花や肉球など、子どもが喜ぶようなかわいい形の泡が出てくるようにしたこと。手洗いをより楽しい体験にすることを狙ったこの取り組みは、商品として販売されるだけではなく、今では空港や動物園などの施設にも設置されるようになっています。それぞれの施設に合った泡のデザインにしているのもポイントです。

この魔法は、子どもが苦手なにんじんやきゅうりなどの野菜を星形やハート型に切ることで楽しく食べられるようにする工夫とも似ています。苦手、面倒くさいものであっても自分が好きなものと関連づけることでワクワクがそれらを上回るのです。

かわいい柄の出てくるハンドソープも通常のハンドソープも中身の機能としては大きくは変わりません。しかしその行為が少しだけ楽しくなるような本能スイッチを仕込むことで、苦手意識があっても積極的に行いたいと感じさせる理由をつくりだした好例です。

本能スイッチ ●

（メリット）　　　（本能スイッチのタイプ）　　（仕込む場所）

楽しく手洗いができる × コンフォート型 × 商品の付加機能 = かわいいかたちの泡

? ロウリュの
本能スイッチなーんだ？

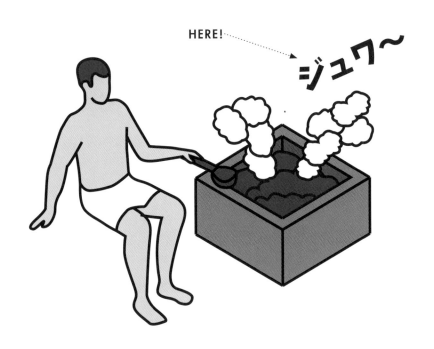

HERE!

ジュワ〜

！ "ととのう" 多幸感を生む
「ジュワーッ」という音

最近サウナブームで、銭湯でもサウナに行列ができていることがありますよね。その中でも、ロウリュを売りにしている温浴施設も増えてきています。ロウリュとは、熱したサウナストーンにアロマ水をかけたときに発生する蒸気を浴びるフィンランド式サウナの入り方で、人気を集めています。

ロウリュの人気を下支えする本能スイッチのひとつとして、静かなサウナ室の中で熱したストーンにアロマ水をかけたときの「ジュワーッ」という音があります。YouTubeでロウリュと検索してみると、ロウリュの音を流しているだけの動画もあるほどです。

なぜあの「ジュワーッ」という音がせになるかを考察してみました。まず多くのサウナ室は高温低湿であるため、小さな音も水分に吸収されず振動が耳まで届く環境であるといえます。そのため、ダイレクトに心地よい蒸気音が耳に届き、とても高いリラクゼーション効果を生んでいると考えられます。

また、ロウリュで使用するアロマ水には、白樺やユーカリ、シトラスやハーブなど様々な香りがあります。いい香りをかぐと、心が落ち着くことが日常シーンにもあると思いますが、ロウリュの「ジュワーッ」という音に、香りが加わることで、より良いととのう体験、リラクゼーション効果が期待できますよね。

本能スイッチ ●

（メリット）ととのう多幸感 × （本能スイッチのタイプ）コンフォート型 × （仕込む場所）サービスの音 ＝ ジュワーッという音

！「1/f のゆらぎ」を感じる
焚き火のように「ぱちぱちと鳴る音」

最近、「ウッドウィックキャンドル」という、新しいタイプのキャンドルが人気になっています。多くの商品がひしめくキャンドル業界で、なぜ注目を集めることができたのでしょうか。その秘密は、音にあり。なんとこの次世代キャンドル、火を灯すと、暖炉や焚火のようにぱちぱちと音が鳴るのです。これは芯が木でできているためで、火のゆらめきやアロマの香りなど、従来からあるリラックス効果に加えて、音からも温もりを感じられることが支持されています。

ところで、なぜぱちぱちと燃える音には癒し効果があるのでしょうか。実は、焚火の音には「1/fのゆらぎ」と呼ばれる周波数があることがわかっています。「1/fのゆらぎ」というのは簡単に言うと、川のせせらぎやそよ風、蛍の光など、自然界に共通して多く見られるリズムのパターンのようなものです。心臓の鼓動など、人間の生体リズムもこの「1/fのゆらぎ」であるとされていて、この特定のリズムを持つものに対して人はリラックス効果を感じるのだとか。

ちなみに「1/fのゆらぎ」は、コンピュータで人工的に再現することが可能です。赤ちゃんを寝かしつける子守歌でも、ゆらぎを取り入れた楽曲が多数発売されていたり、耳残りのいいサウンドロゴの作成や、Webデザインにおける心地よいモーション設計など、企業活動の中でも活用されはじめています。心地よさを考えるとき、自然のリズムに目を向けてみると、思わぬヒントがありそうです。

（メリット）　　　（本能スイッチのタイプ）　　　（仕込む場所）　　　　本能スイッチ●

癒し効果　×　コンフォート型　×　使用体験　＝　焚火のようなぱちぱち音

? コンビニエンスストアの
本能スイッチなーんだ？

HERE!

｜ ついつい立ち寄りたくなる
空間の「奥側のライティング」

仕事帰りの夜道、コンビニエンスストアが目に入って、なんとなく立ち寄ってしまった経験はありませんか？ 実はそんなコンビニの店舗づくりにも、本能スイッチが取り入れられています。それが「照明」です。コンビニは暗い夜道のなか遠目からでもわかるほど明るくしており、少しでも店の外に光を届かせる工夫が施されているのはご存じでしょうか。これは、空間の奥側が暗いと人は不安を覚えてその手前で立ち止まってしまい、逆に手前側よりも奥側が明るいと安心感を覚えて無意識に明るい方へ引き寄せられる性質を利用しており、「サバンナ効果」と呼ばれています。暗い森の中で迷った人が、森の外に広がる太陽の光を浴びた明るい草原（サバンナ）を見て、暗い森から草原へ駆け出す例えから名付けられました。家電量販店の照明コーナーが店舗の奥側に設置されることが多いのも、この心理効果を活用し、店の奥まで誘導することで商品を目にする機会を増やすことが狙いのようです。

照明の本能スイッチは「明るさ」だけではありません。例えば、コンビニのホットスナックコーナーの橙色の電球。これは暖色光で赤みを強調することで、できたてかのような温度感を与え、食欲を刺激しています。

照明には様々な心理効果があり、深ぼっていくとキリがありませんが、商品自体ではなく光の使い方を変えるだけで、売上にも影響することを頭に入れておくと、いい売り場づくりができるかもしれませんね。

（メリット）周遊したくなる × （本能スイッチのタイプ）コンフォート型 × （仕込む場所）空間デザイン ＝ 本能スイッチ● 空間の奥側のライティング

? 高級車のドアを閉めるときの
本能スイッチなーんだ？

HERE!

! なんとも心地よい
「ドスンっ」という音

高級車は、それぞれのクルマのブランドや内装・外装のデザイン、走り心地などから、高級感を覚える人も多いと思われますが、乗り降りの瞬間にも、高級感を実感できることにお気づきでしょうか。

それは、「いいクルマは、ドアの閉まる音が違う」ということ。輸入車ディーラーで使われるセールストークとしても有名で、クルマ好きの心をくすぐるものになっています。高級なクルマであるほど、走行中の車内を静粛な環境にするべく、車内の気密性を高める傾向にあります。その結果、ドアを閉める時の音が重厚感のある「ドスンっ」という心地よい音になり、そこから高級感を感じているのです。では、なぜ重厚感のある音を心地よく感じるのでしょうか。

これは胎児の頃に遡ります。実は、お母さんのお腹のなかでは自身の心臓の音や母体を通して聞こえる音は高周波がカットされて重低音で聞こえているのです。そのため、私たちは重低音に慣れ親しんでおり、その音が心地よいと本能的に感じていると考えられます。クルマと同様に、音楽を聞くスピーカーやイヤホンなども、重低音が心地よいものが人気になる傾向からも伺えますよね。

今後、新たに商品を展開しようと考えられている方は、重厚感のある音から心地よさを演出してみる、というのもひとつの手ではないでしょうか。

本能スイッチ

（メリット）　　　（本能スイッチのタイプ）　　　（仕込む場所）

高級感　×　コンフォート型　×　商品の使用音　＝　重厚感のある音

? エコバッグのシュパットの
本能スイッチなーんだ？

HERE!

┃ たたむときの「シュパッ」という音を
● 活かしたネーミング

2020年の買い物袋有料化によりエコバッグ需要が急増した中で、人気を博したエコバッグが「シュパット」シリーズ。商品名の通り、両端を持ってシュパッと横に引っ張って一度帯状にすることで、簡単にたためるエコバッグです。実際にエコバッグの両端を持って横に引っ張ってみると、本当にシュパッという音がします。こう聞くと、一度はシュパッとしてみたくなりますよね?

これこそが本能スイッチです。この商品の場合は、本能スイッチをそのままネーミング化したことで、まだ使ったことのない人が「シュパッとしてみたい!」と思うきっかけをつくるとともに、一度体験した人にはもう一度あの音の爽快感を味わいたいと思わせる設計になっています。

他にも、音の爽快感という文脈でついついやってしまう行動があります。例えば、ライターの着火音。火が必要でない場面でもついついライターを何度もつけたり消したりしてしまう人がいますよね。それは、あの音の気持ちよさを無意識に何度も体験したいと感じるためです。

SNSを見てみると、シュパットユーザーから「シュパットという音がやみつきになる」「シュパットという爽快感がいい」といった声があがっています。こうした音の気持ちよさを上手く活用し、エコバッグをたたむという「面倒くさい」行為を「やりたい」行為に変換できたことが、ユニークな商品たり得た理由でしょう。

（メリット）　　　　　（本能スイッチのタイプ）　　　（仕込む場所）　　　　　　　　本能スイッチ

簡単にたためる × コンフォート型 × 商品名 = 「シュパット」というネーミング

提供：成田国際空港（株）

！ 300mの連絡通路にある
「陸上トラック」を模したデザイン

78

圧倒的なローコストで飛行機旅を身近にしたLCC。今では専用の旅客ターミナルまで建設されるほど一般化しましたが、魅力的な低価格が実現できている反面、使用するターミナルが従来のフルサービスキャリアのターミナルより空港の中心から離れていることが多く、利便性が劣るのも事実。搭乗までの動線が長かったり、大型のフライトボードや動く歩道がなかったりします。そんな厳しい制約のなかでも、本能スイッチを取り入れてうまくストレスを軽減させたのが、成田国際空港の第3旅客ターミナルです。300mの連絡通路が「陸上競技のトラック」を模したデザインになっており、大きな話題になりました。

これは、デザインによって不快感を与えることなく自発的に行動をとらせる、行動経済学で「ナッジ」と呼ばれる原理を利用しています。成田国際空港第3旅客ターミナルでは、万国共通のデザインを活かし、誰もが進むべき方向を認識しやすくすることで、ストレスの解消をはかったのです。人は、過去の記憶や経験に基づいて行動する習性があります。だからこそ誰もが馴染みのある「陸上トラック」だったのも、成功を収めた重要なポイントになっています。デザインのポテンシャルを感じさせる好例のひとつといえるでしょう。

本能スイッチ ●

（メリット）　　　　（本能スイッチのタイプ）　　（仕込む場所）

移動中の
ストレス軽減 × コンフォート型 × サービス設計 = 陸上トラックを模したデザイン

? スカルプケアブラシの
本能スイッチなーんだ？

HERE!

! 「他人の手」で
ケアされているような感覚

近年、美容好きの間で流行しているスカルプケアブラシ。ヘアサロンでシャンプーをしてもらったときのような心地よさを自宅で味わえ、やみつきになるのだそうです。そんなスカルプケアブラシの心地よさには、実は「他人の手」でケアされているような感覚が関係していました。

マッサージを想像してみてください。自分でマッサージをするより、他人にしてもらったほうが気持ちよく感じませんか？

これは、他人からではなく自分自身でマッサージをした場合、あらかじめ力の強さやタイミングなどを脳が勝手に予想してしまい、結果として気持ちいいと感じる感覚が弱くなってしまうからなんだとか。

この「他人の手」でケアする感覚は昔から応用されています。例えば、背中をかくときに使われる「孫の手」。これぞまさに「他人の手」で背中をかいている感じが名前からにじみでていますね。ちなみにこの孫の手、実は"孫"とは全く関係がないんです。元々は中国の神話に登場する麻姑（まこ）と呼ばれる仙女に由来し「麻姑の手」と呼ばれていました。麻姑はとても美人で、手の爪がかなり長く、「背中をかいてもらえたら気持ちいいだろうな」と蔡経という男が思ったことに由来しています。孫ではなく、美人の手でかいてもらいたいというのが発端だったんですね。いずれにせよ、「他人の手」でケアする感覚をつくることが気持ちよさを上乗せするのは確かなようです。

本能スイッチ

（メリット）		（本能スイッチのタイプ）		（仕込む場所）		
頭皮が気持ちいい	×	コンフォート型	×	商品の感触	=	「他人の手」のような感覚

？ キーボードの
本能スイッチなーんだ？

HERE!

！ 打っている「手応え」を
感じさせる「打鍵感」

82

皆さんはキーボードの打鍵感にこだわりはありますか？

押したときに大きな音が立つ方が良い。入力している触感をダイレクトに感じたいからキーを深く押せる方が良い。サクサクと打っている感じが好きだから軽い方が良いなど様々な打鍵感の好みがありますが、共通するのは、自分で文字を打ち込んでいる実感があり作業が捗っている気がすること。

スマホやタブレットではタッチパネルにキーボードを表示して打つこともできますが、パネルを触っているだけだといまいち文字が入力できているのかがわかりにくかったりします。そのためタッチパネルで入力できるのに外付けのキーボードを購入する人もいますし、メーカー側もタッチパネル

で入力しているときに効果音や振動をつけることで打ち込んでいる「手応え」を付加しようとしています。

キーボードと似たものだと例えば電子ピアノの鍵盤。電子ピアノも機能上は鍵盤を押すだけで電子回路を通して音が鳴るので、本来的には鍵盤を「叩く」という行為は必要ありません。しかし、「鍵盤を叩くことでハンマーがピアノの弦を打つ」というグランドピアノの打鍵感をできるだけ再現しようと各メーカーが工夫をしていますし、電子ピアノを選ぶ上での重要な基準のひとつになっています。このように触ったときの「手応え」は作業の満足感を演出してくれる重要な本能スイッチなのです。

本能スイッチ ●

（メリット）作業が捗っている感じがする × （本能スイッチのタイプ）コンフォート型 × （仕込む場所）商品の操作性 ＝ 入力時の打鍵感

? SHIRO の
本能スイッチなーんだ？

HERE!

SHIRO

SHIRO

SHIRO

SHIRO

！ ハッピーな気分がずっと続く、
買い物袋への「魔法の一吹き」

SHIRO といえば、いい香りの代名詞ともいえるくらいフレグランスアイテムに定評のある自然派コスメティックブランドです。人気の理由として、商品へのこだわりはもちろん、もう一度リピートしたくなる心地のよい店頭体験があります。

SHIRO では、商品購入時に、「〇〇の香りをお付けしていいですか?」と尋ねた上で、季節限定の香りや、その顧客が好みそうな香りをシュッと一吹き買い物袋に振りかけるサービスをしています。そうすることで、商品を購入した人は、お店にいる間だけでなく、その買い物袋を持ち歩く間ずっといい香りに包まれるのです。このサービスを体験した購入者は「買い物後もいい気分が続いた」「その期間限定の香りのものを買いたくなっ

た」と SNS に投稿しており、自分の気持ちが高まると同時に、SHIRO への印象もさらに良くなっていることがわかります。

お店での顧客を気遣ったサービスは、よりいいブランドだと思わせるきっかけになります。例えば、おしぼりからふわっといい香りがしたときにも、素敵なお店だと感じるでしょう。さりげない香りで本能にアプローチする事例の中でも、SHIRO の場合は本来なら購入時や商品使用時にしか味わえない心地いい香りを、商品購入後のハッピーなタイミングで継続させることで、顧客満足度がさらに高まっていると考えられます。

※現在はパッケージレス販売を推奨しているため、有料でお手さげ袋を購入した人に対してのみ行っているサービスです。

本能スイッチ

（メリット）		（本能スイッチのタイプ）		（仕込む場所）		
商品購入後もいい気分が続く	×	コンフォート型	×	買い物袋	=	買い物袋のほのかな香り

? Facebook の
本能スイッチなーんだ？

HERE!

! SNS にイノベーションをおこした
「いいね!」ボタン

Innovation という言葉を英和辞典で調べると「新機軸」とあります。つまり、イノベーションを起こすには必ずしも技術革新が必要なわけではないのです。Facebook の「いいね!」ボタンを見るとそれを強く感じます。

そもそも SNS 自体は 90 年代に既にありました。Facebook が一般に公開されたのは 2006 年と後発でしたが一気に世の中を席巻。そのキーとなったのは「いいね!」ボタンというイノベーションでした。

人が習慣的にサービスを使いつづける上では、毎回何かしらの報酬を感じる必要があります。SNS における報酬はいわゆる「承認欲求」を満たすことで、誰かの反応が欲しいというもの。でも、反応する側としてはコメントを残すのはちょっと面倒。そんな中ワンクリックで手軽に反応を残せる「いいね!」ボタンは偉大でした。しかも、手軽だからコメントをもらうよりも多くの人からリアクションが得られる。「いいね!」ボタンの思想は、Facebook 以外の SNS にも瞬く間に広がり SNS の標準機能になっていきましたね。まさに市場に新機軸を打ち出したのです。

ただ、「いいね!」の数がプレッシャーになる人もいることから、Instagram ではいいね数を非表示にするなど、制限をかける動きも出てきています。イノベーションが起きるとその反発も生まれてくるもの。とはいえ、SNS という文化をここまで広げる一因がひとつのボタンだったということから得られる学びは大きいですよね。

コンフォート型

本能スイッチ ●

（メリット）　　（本能スイッチのタイプ）　　（仕込む場所）

承認欲求を満たす × コンフォート型 × 商品の付加機能 = いいね!ボタン

? もっきりの
本能スイッチなーんだ?

HERE!

日本酒をグラスから
「あえてあふれさせる」演出

日本酒を注文するとグラスからあふれるほど注ぐサービスをしてくれるお店があります。なみなみと注いでもらえるとなんだか嬉しい気持ちになりませんか？　あえてあふれさせる演出によって私たちは本能スイッチを刺激されています。

この演出は「もっきり」と呼ばれています。

もっきりの語源は江戸時代。当時はお客さんが持ってきたとっくりなどに樽から直接日本酒を注いで量り売りをする「盛り切り」が主流で、その言葉が由来だと言われています。

そんな江戸時代の造り酒屋が、店で庶民のお客さんにそのままお酒を飲ませるようになったのが立ち飲み居酒屋のルーツです。当時注文するお酒は量り売り感覚なので逆にコップに満ちていなかったらクレームが来るのが普通だったんだとか。

その後、居酒屋が増えてくると、サービスのよさを強調するために、どれだけこぼすかで店側の心意気を表現するようになりました。そして現在では「おもてなしの心」を表すものとなったわけです。

ちなみに日本酒以外だと、「ヨイショ！」といった掛け声とともに器からこぼれおちるほどのいくらをよそうサービスをしてくれるお店もありますよね。お店側のおもてなしの心が形になっているこぼれさせるサービスによって、たくさん飲み食いできるお得感以上に、楽しいひとときをすごせたという満足感がアップするのです。

本能スイッチ ●

（メリット）　　　（本能スイッチのタイプ）　　（仕込む場所）

満足感　×　コンフォート型　×　提供方法　＝　こぼれおちる感じ

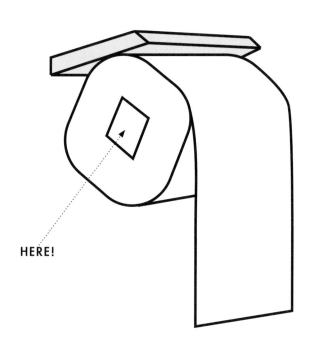

節約志向のトイレットペーパーの
本能スイッチなーんだ?

HERE!

使いにくいのが逆に評価を得た
「四角い芯」

使いやすく快適なことだけが、コンフォート型の条件ではありません。あえて不快な状況をつくることで、かえってメリットを得られる本能スイッチを逆コンフォート型と呼んでいます。

例えば、丸ではなく四角い芯でつくられたトイレットペーパーがあります。丸型でないトイレットペーパーは一見使いにくそうに見えますが、実はこれが真の狙いなのです。回転しにくい四角い芯をあえて採用することで、紙の使い過ぎを抑えられるところにこの商品のユニークさがあります。特に、小さな子どもがいる家庭では、どうしても紙の使い過ぎが気になってしまうもの。あえて使いにくくすることでメリットが得られる逆コンフォート型の好例でしょう。

また似たような例として、消防用の緊急電話番号「119」が挙げられます。実はこの番号、かつて黒電話の時代には「112」に設定されていました。黒電話はダイヤルを回して電話をかけるため、緊急時に早く電話をかけられるように、ダイヤルの距離が近い1と2の数字を採用していたのです。しかし、緊急時の焦りも相まって、かけやすい番号にしたことが逆にかけ間違いを多数生んでしまうことに。慌てているときでも番号を意識して正しくかけてもらおうと、ダイヤルで1の位置から最も離れたところにある9の番号を緊急番号の数字として採用したのです。これも、あえてかけにくい電話番号にすることでかけ間違いを防ぐという逆コンフォート型の事例といえます。

（メリット）　　（本能スイッチのタイプ）　　（仕込む場所）　　　　本能スイッチ ●

使いすぎない　×　逆コンフォート型　×　商品の形状　＝　四角い芯

ジュージュー音で人々を誘う
あえて「外向きのスピーカー」

気軽にできたてのたこ焼を楽しめるお店、築地銀だこ。お店の周りに漂うソースのいい香りももちろん食欲をそそりますが、実は、つい食べたくなる秘密をスピーカーに隠していた店舗があったのだとか。現在は行われていない施策ですが、一体どんな工夫がされていたのか秘密を探ってみましょう。

私たち人間は、日常の中で、耳からの情報を頼りに生活しています。そのため、ザクザク切る音やジュージュー焼く音など、「食べ物を連想させる音」は、ときに食欲を掻き立てる重要な要素になっています。

銀だこの店内の大きな鉄板からは、油を使って表面をパリッと焼き上げるジュージューといい音が鳴っています。そのおいしそうな音を通りすがりの人の耳に届けて食欲を掻き立てるべく、創業間もないころに一部の店舗において、あえて外向きにスピーカーを設置することで、店内のジュージュー音をマイクで拾って店外まで響かせるというユニークな試みをしていたのです。

他にも、お客さんを呼び寄せるための宣伝材料として香りを使うケースもありますね。例えば、大型スーパーマーケットの店頭での調理のデモンストレーションや試食コーナー。たとえ試食をしなかったとしても、おいしそうな香りが買い物中のお客様の嗅覚に訴えかけ、販促につながっているのです。

※現在は、スピーカーを併設している店舗はありません。過去施策のひとつとしてご紹介しています。

本能スイッチ ●

（メリット）　　　（本能スイッチのタイプ）　　　（仕込む場所）

できたてのおいしさを体感する　×　コンフォート型　×　店舗周辺　＝　外向きのスピーカー

（第四章）
ダム型

グラフや数値で見える化し
成長実感が得られる本能スイッチ

本能スイッチなーんだ？

? サイクロン式掃除機の
本能スイッチなーんだ？

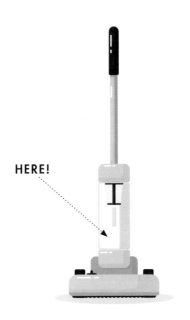

HERE!

! 集めたゴミを「隠す」から
「見せる」に変えたこと

紙パックを使うことなく、ゴミを直接ダストカップに吸い込むのがサイクロン式掃除機。この掃除機の本能スイッチは、なんと言っても掃除中に透明なダストカップにゴミがたまっていく様子が「目に見える」こと。それってそんなにすごいことなの？と思うかもしれないですが、昔から使われている掃除機は、紙パックが内蔵されている構造上、ゴミがたっぷりたまってから捨てていましたよね。だから、掃除の最中に本当にゴミが取れているのかあまり実感が湧かなかったのです。一方、サイクロン式の場合、掃除機をかけている間にダストカップにゴミがたまっていき、「あれ？　目には見えなかったけど、結構ほこりたまってたんだ！」と、ちょっと掃除をするだけで達成感を得られる

んですよね。「ゴミは汚いもの」として隠していた従来の掃除機から、「掃除をする楽しみ」を感じる掃除機へとゲームチェンジを起こしたわけです。

この「可視化」という本能スイッチ、ついついクセになります。毛穴パックも汚れがいっぱい取れるほど達成感があるし、あかすりもそうですよね。目の洗浄液も、汚れが見えるとやった感が増す。不要なものが目に見えてたまっていくと、なんだか嬉しくなってしまいます。

しかし、ほこりってどこからやってくるのでしょうね？　掃除しても掃除してもほこりが出てくる。そもそもこのほこりを完全に除去してくれる機械があったらいいのにと、掃除をしながら考えてしまいます。

本能スイッチ ●

（メリット）	（本能スイッチのタイプ）	（仕込む場所）	
掃除の達成感	× ダム型	× 商品デザイン	= ゴミが見える透明のダストカップ

? 読書通帳の
本能スイッチなーんだ？

兵庫県淡路市立津名図書館にて　　　　　　　　　　※「読書通帳」は株式会社内田洋行の登録商標です。

! 思わず本を何冊も読みたくなる
読書履歴が「記帳」されるサービス

皆さん「読書通帳」はご存じでしょうか。専用端末に通すと、貯金通帳型の冊子に、借りた本の履歴が印字されるサービスです。およそ10年以上前に始まったサービスで、今や全国の図書館を中心に100台以上の導入が進み、本の貸出量が倍増する施設があるなど、子どもの読書離れに歯止めをかける存在として期待されています。

ここ最近さらなる広がりを見せているきっかけが、貸出履歴に本のタイトルや日付はもちろん、借りた本の金額まで印字できる端末が登場したことでした。読書をお金というわかりやすい価値で「見える化」したのです。それによって、子どもが擬似的に資産を蓄えている感覚が味わえたり、親や友達に見せ合って比べたりできるようになり、結果として、親に促されることなく自発的に読みたい本を選ぶようになったそうです。さらに、この活動は親にも影響を与え、我が子の読書がどれくらい金額的な価値があるかを実感することで、子どもの図書館利用に積極的になったそうです。また子どもたちが読書通帳を学校にも持参するようになり、先生方にとっても「朝読」や子どもたちのニーズに合わせた読書推進へのよいきっかけとなりました。

今までは漠然としていて価値が見いだされていなかったものに光を当てて、わかりやすく価値を「見える化」してみると、新たなつながりを生み出し、なかなか続かなかった習慣づくりのきっかけになるのですね。

本能スイッチ

（メリット）　自発的に読書をしたくなる　×　（本能スイッチのタイプ）　ダム型　×　（仕込む場所）　サービス設計　＝　通帳に本の金額を記帳

? 漫画の背表紙の
本能スイッチなーんだ？

| 本能スイッチ | 本能スイッチ | 本能スイッチ | 本能スイッチ | 本能スイッチ | 本能スイッチ | 本能スイッチ | 本能スイッチ | 本能スイッチ | 本能スイッチ | 本能スイッチ | 本能スイッチ | 本能スイッチ | 本能スイッチ | 本能スイッチ | 本能スイッチ |

HON-NOH SWITCH

! ついついコンプリートしたくなる
「スタンプラリー式」背表紙

漫画や本には、複数巻を並べることで背表紙がひとつのつながった絵になったり、何かのメッセージになる仕掛けが施されているものがあります。漫画や本はその内容が面白いから買い集めるのはもちろんのこと、背表紙の絵やメッセージを完成させないと落ち着かない！ せっかく買いはじめたんだから最後までコンプリートしなきゃ！ と感じる気持ちを捉えた本能スイッチが継続的な購入を促すという側面もあります。集めたものをあとで見返し満足感を得るこの本能スイッチは、まさにダム型。こういった本能スイッチは、人間が本能的に持つ「収集したい」「コンプリートしたい」という気持ちを捉えたものです。人間は狩猟採集時代、たくさんの野生の動植物を狩猟したり採集してきました。だから、人の脳の中には、生き物を収集したり分類したりする欲求が備わっているのです。

実はこの狩猟採集時代の本能を捉えたものは現代にも存在しています。例えば鉄道会社が開催する「鉄道スタンプラリー」は人気が高く、参加者の「収集したい」「コンプリートしたい」という気持ちを捉えているのではないでしょうか。

このように人間の根源的な欲を捉えた本能スイッチを入れ込むことで好きな本を所有したいという主目的以外にも、その商品を買い続ける強力な動機をつくることができるのです。

本能スイッチ ●

（メリット）		（本能スイッチのタイプ）		（仕込む場所）		
コンプリートした満足感が増幅する	×	ダム型	×	商品そのもの	=	スタンプラリー式の背表紙

? スタディサプリの
本能スイッチなーんだ?

! 面倒な勉強を
楽しい勉強に変える「ゲーム化」

コツコツ物事を続けるのって難しいものですが、日々の努力を「可視化」すると物事が続きやすいと言われています。

ただ、頭ではわかっていても、面倒だなと自分が感じている状態では継続しようにもいずれ限界が来てしまいますよね。

例えば勉強。やらなきゃいけないけれど面倒に感じてつい手が止まってしまうもの。そんなコツコツ努力が必要な勉強も「ゲーム化」することで本能スイッチを刺激すれば習慣化しやすくなるのです。

オンライン学習アプリの「スタディサプリ」では、ユーザーごとに「今週のミッション」が与えられ、各ミッションの達成度やタイムリミットが表示されたり、ゲーム感覚で勉強を進められる工夫がされています。このゲーム化によって、日々の努力の可視化はもちろん、これまでの勉強に対する面倒な気持ちが楽しんで取り組めるように変化すること、またゲームをクリアするという成功体験が次へのモチベーションにつながることで、楽しく継続できる効果が期待できます。

このような「ゲーム化」は勉強以外にも活用されています。同じく続けることが大変なランニングや筋トレ。運動不足だけどなかなか続けられない……そんな人たちのためにゲーム化によって、楽しく運動を継続できるアプリやソフトも重宝されています。

何か"面倒だな"と感じる物事に直面した際には、ゲーム化を試してみてはいかがでしょうか。

ダム型

本能スイッチ ●

（メリット）		（本能スイッチのタイプ）		（仕込む場所）		
楽しく勉強がつづく	×	ダム型	×	サービス設計	=	ゲーム化

！もうじき届くワクワク感を演出する
「配達工程の見える化」

今や、定番化したフードデリバリーサービス。かつては、ピザやファストフードなど独自にデリバリーサービスを持つ店舗でしか提供されないものでした。しかし、最近はデリバリー専門のサービスが台頭したことで、様々な飲食店を出前で楽しむことができるようになりました。このようなサービスが急速に世の中に定着したのは、コロナ禍で外出が制限されたことによる影響も多分にありますが、ちょっとした工夫が楽しさを助長していたと感じます。

それは、注文してから配達されるまでの工程を見える化すること。それによってワクワク感を演出しているのです。これまでのフードデリバリーサービスは、商品が届くまで特に何も情報が届かず、なんとなく待つというの

が当たり前でした。それが今では、つくっている最中、商品を配達中、といったステップがわかるようになりました。さらに、配達員が今どこを走っているのかを具体的に確認できるようになっており、徐々に近づいて来ているのを見える化したことで、少しずつ気持ちを高めてくれるような仕掛けとなっています。その結果、退屈な待ち時間がワクワクする時間に変わり、デリバリーサービスの体験価値が向上したと考えられます。

このように、退屈やストレスを感じる体験をワクワクする楽しい体験に変えるという逆転の発想は、今後様々なサービスに応用できる考え方となるでしょう。

本能スイッチ ●

（メリット）		（本能スイッチのタイプ）		（仕込む場所）		
待ち時間の ワクワク感	×	ダム型	×	使用体験	=	配達 工程の 見える化

**? ポイ捨てさせないゴミ箱の
本能スイッチなーんだ？**

ネコ派　　　　イヌ派
▼　　　　　　　▼

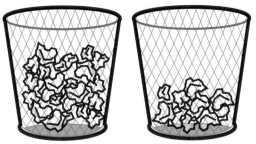

**！ 二択の質問のどちらかに入れる
「投票箱」のような容器**

いくらポイ捨てするなと呼び掛けても人々の行動はなかなか変わりませんが、海外の例には、命令も報酬もないまま、たったひとつの仕掛けで街のポイ捨て率を約半分にまで激減させたゴミ箱があります。そのゴミ箱は、なんと投票箱がモチーフ。ゴミ箱の上には、例えば「あなたは、ネコ派？ イヌ派？」のような二択の質問が書かれていて、投票したい方のゴミ箱に捨てることができます。投票箱でもある2つのゴミ箱はどちらも中身が見える容器でできていることがポイントで、それぞれのゴミ箱にどれだけゴミが入っているか、つまりどちらの回答が世論として優勢かがひとめでわかるようになっています。ゴミ箱を、思わず答えたくなるユニークな二択の質問の投票箱に仕立てて、その得票数を可視化する。人々の参加意欲を掻き立てるような遊び心のある可視化が、自発的な行動をつくっていることがわかる一例です。

この投票システムは、ホームレスの経済活動として実践されている「ストリートディベート」にも見られます。ストリートディベートとは、投げ銭箱を小銭でディベート投票できる箱に変えることで世論を可視化する、ホームレスへの経済支援を促す取り組みです。これらは、人々が強制によってではなく、自発的に望ましい行動をするように促す、先述した「ナッジ」の好例でもあります。人々の本能をくすぐる遊び心ある可視化に、命令や報酬を超えた行動を促すヒントがありそうです。

本能スイッチ

（メリット）
自発的に
ポイ捨てを
やめられる

×

（本能スイッチのタイプ）
ダム型

×

（仕込む場所）
使用方法

＝

ゴミで
参加できる
投票箱

? 雨が楽しくなる傘の
本能スイッチなーんだ？

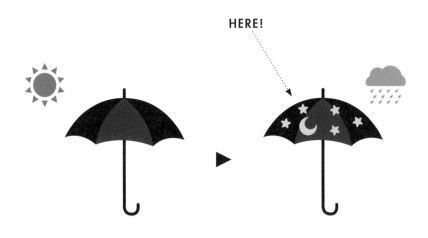

HERE!

濡れるほどに
「色や模様が変わる」デザイン

出かける際に雨が降ると、どうしても気分が落ちるもの。ですが、最近は雨の時間を少しでも快適で楽しいものにしようという商品が数多くあります。その中でも注目したいのが、雨に濡れることで色や模様が変わるレインコートや傘。本来は濡れるのを避けたくなるものですが、これらの商品は雨に濡れると色が変わったり柄が浮き出てくるため、むしろ積極的に濡れたくなって、雨の日がちょっと楽しくなるダム型の本能スイッチが仕込まれています。

このように、蓄積を美しく魅せることによってネガティブをポジティブに変えた事例は他にもあります。例えばとある消臭剤は、嫌なにおいを消臭オイルが処理すればするほどパッケージに花柄などの絵が浮かび上がってくる商品デザインになっています。ただ単にオイルが減って消臭しているのがわかる商品よりも、使うほどにパッケージのデザインが変わっていく楽しさが加わった商品の方が、本能的に選びたくなるというわけです。

雨に濡れないための傘や、においが気になったときの消臭剤。いずれも困りごとを解消するので、どちらかというと消極的な目的で使われるものですが、今回紹介した商品はむしろ積極的に色やデザインの変化を楽しみたいと思わせてくれるものでした。

（メリット）　雨が楽しくなる × （本能スイッチのタイプ）　ダム型 × （仕込む場所）　商品の付加機能 ＝ 本能スイッチ ● 濡れるほどに色や模様が変わる

HERE!

目標達成
おめでとう！

10,000

月 火 水 木 金 土 日

! もう少し歩いてみようと思わせる
「キリバン演出」

スマートフォンで簡単に健康管理ができるため、毎日かかさず確認している人も多い歩数計アプリ。そんな歩数計アプリには、継続して利用してもらうため、ある工夫が隠されていました。

それは、切りのいい数字、通称「キリバン」を目指したくなるよう演出すること。例えば 5,000 歩、10,000 歩など、キリバンが近くなると残りの歩数が表示されたり、達成したときには祝福メッセージが出たり、キリバンが際立つよう設定されているのです。

歩数計に限らず、貯金やダイエットなどで目標値を設定する際、なんとなくまとまった数字を設定したくなるように、私たち人間は、節目の数字を目指すことによって、あとちょっとだけ頑張ろう！ というモチベーションを無意識のうちに創り出しています。

一方、行動経済学上、キリバンを使うべきではないとされているシーンもあります。それは、人を説得したいとき。人間は、キリのいい数＝適当に決めた数、端数＝正確な数、と思いこむため、信憑性を高めたいときにはあえて中途半端な数字を見せるほうが効果的だと言われています。

また、キリバンは投資の世界でも意識されるひとつの指標となっています。不思議なもので、株価は 500 円や 1,000 円といったキリバンの前後で足踏みをしたり、それを越えると一気に変動したりするのです。

ダム型

本能スイッチ ●

（メリット）　　　（本能スイッチのタイプ）　　　（仕込む場所）

もっと
歩きたくなる　×　ダム型　×　UI
（ユーザー
インターフェース）　=　キリバンの
演出

アドベントカレンダーの
本能スイッチなーんだ？

HERE!

ワクワクを増幅させる
「カウントダウン」する仕掛け

アドベントカレンダーをご存じでしょうか?

クリスマスまでの残りの日数を数えるために毎日ひとつずつ窓を開けていくカレンダーで、ヨーロッパを中心にクリスマスの風物詩として根付いています。窓を開けると、チョコレートやキャンディなどのお菓子や手紙、香水などの小さな贈り物が入っており、そのすべてを開けるとクリスマスがやってきます。このヨーロッパ発祥のクリスマスまでの毎日の楽しみ方が、最近では日本でも定着しつつありますが、なぜでしょうか。

それは、カウントダウンすることのワクワク感にあると考えます。既に私たちの暮らしの中にもある、例えば、「もういくつ寝ると、お正月……」という歌からもわかるように、正月を待ち望む文化があります。また、大学入学共通テストまであと〇日などのように、目標に向けて気持ちを高めるときに使われる表現方法のひとつでもありますね。もっと些細なことになると、カップラーメンができるまでの3分間のタイマーも、もうじきおいしいラーメンが食べられるというワクワク感につながっているように感じます。

このように、イベントを迎えるまでの日数をカウントダウンすることで、ワクワクにつながることをうまく捉えたため、元々ヨーロッパの文化だったアドベントカレンダーが日本でも定着してきているのではないでしょうか。

ダム型

チームメンバー同士でチェックし合う
「ピア・プレッシャー」

健康志向の高まりとともに、自宅にいながら本格的なエクササイズや生活習慣の改善ができるサービスが続々と誕生しています。オンライン化によりあらゆる人がサービスを受けやすくなりましたが、一方で、トレーナーと対面したり、リアルな場に足を運んだりしないと続けられない、という人も少なくないでしょう。

そんな三日坊主な人でも続けられると人気を博しているアプリがあります。「みんチャレ」です。習慣化を促す秘密は、勉強、ダイエット、運動、生活習慣病改善など同じ目標を持った匿名の5人でチームをつくり、チャットに証拠写真を送り報告して励まし合う、というサービスの設計にあります。

画面上にメンバーの実践度が可視化されます。互いにチェックし合うことで「自分も頑張らないとマズい」という意識が芽生え、サボらず続けられるというわけです。これはピア・プレッシャー、いわゆる同調圧力を活用しています。

同調圧力と聞くと悪い印象があるかもしれませんが、本能スイッチとしてポジティブに作用することもあるのです。ただし、メンバーからのプレッシャーが強すぎると過度なストレスを招き、逆に弱すぎると個人のパフォーマンス低下につながります。闇雲に取り入れればいいというわけではないので、みんチャレのようなピア・プレッシャーを上手く取り入れた仕組みを参考にするといいでしょう。

（メリット）　　　（本能スイッチのタイプ）　　（仕込む場所）　　　本能スイッチ ●

サボらずに続けられる × ダム型 × サービス設計 ＝ お互いにチェックし合う

明治のグミの
本能スイッチなーんだ?

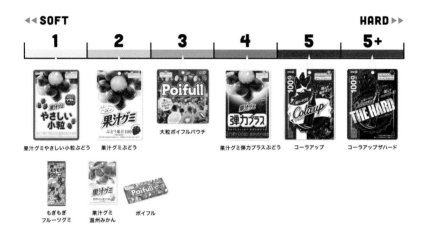

◄◄ SOFT　　　　　　　　　　　　　　　　　　　　　HARD ►►

| 1 | 2 | 3 | 4 | 5 | 5+ |

果汁グミやさしい小粒ぶどう
果汁グミぶどう
大粒ポイフルパウチ
果汁グミ弾力プラスぶどう
コーラアップ
コーラアップザハード

もぎもぎ
フルーツグミ
果汁グミ
温州みかん
ポイフル

硬さを6段階にレベル分けした
「かみごたえチャート」

食品会社の明治が始めた新たな取り組み。それは、販売するすべてのグミを、硬さで6段階にレベル分けした「かみごたえチャート」です。このチャートはすべてのグミのパッケージに記載されていて、どのグミがどれほどの硬さなのかがわかる物差しになっています。元々は、噛む力が十分でないと、食材が消化されにくいという健康上の問題を背景に「自分の噛む力」を実感し知るための指標として開発されたチャートでしたが、SNSで調べてみると別の役割も果たしていることがわかりました。「次は一段階レベルを落としてみたい」「すべての硬さをコンプリートしたい」など、いろいろ試したいグミ好きにとっては、チャートがあることでグミを食べる楽しさが増しているようです。チャートを使って選択基準を可視化することによって、選ぶ楽しさや制覇欲を刺激していることがわかります。

似たようなケースは、他の業界にも見ることができます。例えば、あるコーヒー豆の販売店では、各豆の焙煎レベルを7つの段階に分けてチャート化し、店頭チラシで活用することで、豆を選ぶ楽しさを演出しています。また、薬局のヘアカラー剤売り場でよく見かける、グラデーションで分類されたカラーチャートも、見てるとなんだかいろんな色を試してみたくなりますよね。これらも段階別のチャートを作成することで、購買の回遊や制覇欲を促す仕掛けとして機能している例といえます。

本能スイッチ ●

（メリット）あれもこれも楽しめる × （本能スイッチのタイプ）ダム型 × （仕込む場所）パッケージ ＝ 硬さレベルを可視化するチャート

? プラークチェッカーの
本能スイッチなーんだ？

HERE!

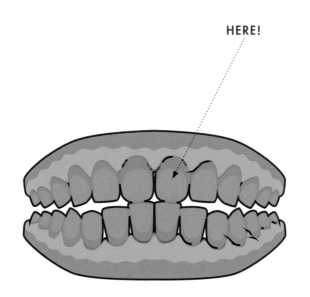

！落とさないと気持ち悪く感じる
程の「どぎつく派手な色」

多くの人にとって毎日の習慣となっている歯磨き。毎日のことながら、本当にしっかり磨けているのか不安に思っている人も少なくないでしょう。そんなときに活躍してくれるのがプラークチェッカー。歯に付いている汚れを染め出すことで、磨き残した部分が赤や青のわかりやすく派手な色になるので汚れを残すことなく正しい歯磨きができます。この、「色つきの液体をきれいに落としたい」という歯を磨く行為の裏には、気持ち悪い歯垢をすべて磨き落とし真っ白にしたいと思う逆ダム型の本能スイッチが使われています。

このような逆ダム型の本能スイッチは主に衛生用品に使われることが多いです。よく洗剤や手洗い石鹸などのCMで、「実はこんなに汚れが!」と

あえて汚れを見せるものがあります。これも汚れを気持ち悪く感じ、だからこそそれを落としてきれいにしたい!という気持ちが働くのです。他にも家の中のドアノブやスマートフォンなどに付着した菌やウイルスを特殊なライトを使って見せるような演出も、「こんなに汚れが蓄積しているならすぐに対応しなくては!」と思わせてくれます。

このように、ポジティブな蓄積を感じさせるには通常のダム型。逆に、ネガティブな蓄積を低減したいと感じさせるには逆ダム型の本能スイッチが適している場合があるので、対象となる商品やサービスによって使い分けをしてみましょう。

（メリット）
きちんと歯垢が落とせる

× （本能スイッチのタイプ）
逆ダム型

× （仕込む場所）
商品の色

= 本能スイッチ
落とさないと気持ち悪い程の派手な色

買い忘れを防ぐ紙パックの
本能スイッチなーんだ?

HERE!

「切らしてた!」なんて言わせない、
「残量の見える」おもてなし紙パック

冷蔵庫にある牛乳を飲もうと思ったら、中身がほとんど残っておらず、買い出しに行かなければならなくなった。そんな経験が誰しもあると思います。使えば使うほどモノがなくなるのは当たり前のことですが、どれだけ残量があるかには意外と意識が向かないものです。そんな問題に着目し、紙パッケージに中身の残量が見える透明ラインの窓をつけた飲料が発売されています。残量を確認できる透明ラインには、200mlのコップであと何杯飲めるかが一目でわかるメモリまでついていて、急な使い切りを防ぎ、追加購入のタイミングをユーザーに知らせることに成功しています。最近では紙パックのみならず、ペットボトル飲料のラベルにも、透明な縦線とmlのメモリが記載されたものが増えているようです。

減っていく残量を可視化する逆ダム型のアイデアは、なにも飲料に限ったものではありません。例えば、あとどのくらい使えるのかがわかりにくいタイヤ業界では、一定箇所までタイヤが擦れると、交換を促すメッセージが浮かび上がってくるものがあります。また、ワイヤレスイヤホンの残量低下を伝えるアラート音のように、残量低下を目だけでなく耳でも教えてくれるように設計されているものも少なくありません。

様々なアプローチでさりげなく残量を可視化するアイデアは、ホスピタリティにあふれた逆ダム型の事例といえます。

ダム型

本能スイッチ ●

〔メリット〕　　　〔本能スイッチのタイプ〕　　　〔仕込む場所〕

追加購入の
タイミングが
わかる　×　逆ダム型　×　パッケージ　=　透明ラインの
窓で中身を
可視化

？ Snapchat の
　本能スイッチなーんだ？

HERE!

！ やりとりした日数が加算されていく
　「ストリーク機能」

欧米を中心に若者に人気のSNSのひとつである「Snapchat」。写真や動画を個人やグループで共有することができるアプリです。その最大の特徴は、時間が経つとすべての投稿が消えてしまうことです。写真を全体に公開する「ストーリー機能」も、個別に友達を選んで写真を送る「スナップ機能」も、時間が経つと消える仕組みになっています。そのため、SNSに投稿するほどではないなと思うような写真でも気軽に送ることができ、支持されています。

流行り廃りが激しいSNSの中で、使われ続ける秘訣は何でしょうか？　実は、そこにとある仕掛けがありました。それは、「ストリーク機能」と呼ばれ、特定の友達と連続で写真や動画をやりとりした日数を記録するというもの

です。例えば、14日間連続でやりとりをしていれば、その相手とのチャットルームに14という数字が記載されます。その数字はお互いの間でしか見えません。この二人だけの秘密の数字が、友達や恋人との仲の良さを証明するものになりつつあります。一日でも送らない日があるとゼロに戻ってしまうので、毎日やり取りし合うようになるのだとか。もちろん、うっかり送り忘れてしまう日もあるでしょう。そんなときのために、記録が途切れそうになると砂時計マークで、あと数時間以内に送らないと記録が消えることがお知らせされます。このリマインドが、連続記録への意欲をさらに掻き立てているのです。

本能スイッチ ●

（メリット）友達や恋人との絆の深さを感じられる × （本能スイッチのタイプ）ダム型 × （仕込む場所）UI（ユーザーインターフェース） = 数字が増えていくこと

? トレーニング動画の
  本能スイッチなーんだ？

HERE!

00:27

トレーニングの進捗を可視化する
動画内の「インジケーター」

124

おうち時間が増えたことで一気に拡大した、動画を活用した自宅トレーニング。動画サイト上には様々なトレーニング動画がアップされています。実はトレーニング動画にも、続けやすくするための本能スイッチが潜んでいます。

それがトレーニングの進捗を表すインジケーターです。インジケーターには、現在自分がどの程度トレーニングを終えているのかをグラフで表すものや、各トレーニング種目での設定時間がカウントダウンで消化していくものなどがあります。このインジケーター、実は努力の可視化の役割も果たしているのです。

ハーバード・ビジネス・スクールの名誉教授らによると、やる気は「前進を感じるときに上がり、停滞を感じるときに著しく低下する」と言われています。トレーニング中に動画内のインジケーターを見ることで、自分がトレーニングを頑張って行えていることを直感的に把握し、トレーニングをやりきるモチベーションに変えているのです。

一般的に筋力トレーニングによる身体の変化があらわれるのは筋トレ開始から2〜3カ月後といわれています。ただトレーニングを続けるだけでは自分が目標に近づけているかがわからず、やる気を保てず挫折する可能性が高くなってしまいます。

これはトレーニングに限ったことではありません。私たちはつい結果に目が行きがちですが、その過程を可視化することが、大きな結果につながるといえます。

本能スイッチ ●

〈メリット〉　　　〈本能スイッチのタイプ〉　　　〈仕込む場所〉

トレーニングをやりきれる × ダム型 × 画面上 = 進捗を可視化するインジケーター

? 記録管理アプリの
　本能スイッチなーんだ？

HERE!

走った距離やたまった貯金額など、
「行動ログのグラフ化」

記録管理アプリは、ダイエットや貯金など、習慣継続のサポートアプリとして利用されています。なぜ記録管理アプリを使うと、やる気を維持しやすいのでしょうか?

その秘密のひとつが、グラフ化にあります。多くの記録管理アプリでは、走った距離やたまった貯金額を、折れ線などのグラフを活用して視覚的に表示しています。数字や文字だけでは理解しにくい行動ログの関係性が一目でわかるようになり、データの示す情報が直感的に伝わるようになるのです。結果、成長実感を感じてさらにやる気につながったり、グラフが右肩下がりになっている場合は再度奮起せねば! と危機感を抱くことにつながるわけです。

また、グラフ化のアプローチもさらに進化しています。ある家計簿アプリでは、予め設定した理想の支出額と実際の支出額との差をグラフで表示する機能が備わっていたり、バーをスライドすることで、支出項目の割合を示した円グラフの時系列変化を確認できるものもあります。

このようにデータや情報を可視化する手段はインフォグラフィックスとも呼ばれています。グラフ化もその一手段ですが、美的なビジュアルコンテンツとしての意味合いが強く、ただ情報をわかりやすく伝えるだけでなく、興味を持ってもらい、見続けてもらうまでを想定したデザインというわけです。情報であふれる時代だからこそ、データを楽しくわかりやすいものにする取り組みが、今後さらに重要になるでしょう。

ダム型

本能スイッチ ●

（メリット）　　　（本能スイッチのタイプ）　　　（仕込む場所）

成長実感 × ダム型 × UI（ユーザーインターフェース） = 行動ログのグラフ化

？ 旅行サイトの
本能スイッチなーんだ？

現在１２人がこのページを見ています。

HERE!

予約ページへ移動

！「現在、○○人が見ています」
「○○人が予約しました」という表示

街を歩いていて行列ができているお店を発見すると、つい入りたくなる経験ってありますよね。でも、Webサイトの場合、アクセスしている人の顔が見えないので、そういう状況になりづらい。だからうっかりしていたら、購入しようと思っていたものが売り切れてしまった！ なんてことも。

そんな状況を打開したのが、旅行サイトで見られる「現在、○○人が見ています」とか「24時間以内に○○人が予約しました」などという表示。疑似行列とでもいうのか、行列ができている風の演出。今この瞬間、同じ画面を複数の人たちが眺めていると思うと、「この商品、多くの人に支持されているんだな」と安心感が生まれます。通販サイトの口コミ数が多いのと感覚は近いですね。

この現象を行動経済学で「バンドワゴン効果」と言います。「バンドワゴン」とはパレードの先頭を走る派手な楽隊車のことから、「バンドワゴンに乗る」とは時流に乗る、勝ち馬に乗るという意味があります。多くの人が支持しているのだから間違いない、とつい同調してしまう心理です。

この「現在、○○人が見ています」というのは、バンドワゴン効果を活用した本能スイッチだったのです。少し前に、「○○人というのは、単なるランダムな数字だった！」という海外のネット記事が話題になりました。もちろんすべてのサイトがそういうわけではないと思いますが、流されず自分の目でキチンと確認するのも大事ですね。

本能スイッチ ●

（メリット）　（本能スイッチのタイプ）　（仕込む場所）

安心感 × ダム型 × UI（ユーザーインターフェース） = 現在、○○人が見ています。

? キリトリ式ドリルシリーズの
本能スイッチなーんだ?

HERE!

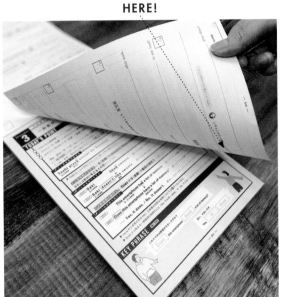

勉強をするほどに
薄くなっていく「テキストの厚さ」

大人になってから、学生時代ほど勉強を頑張れなくなったという人もいるのではないでしょうか？ふとしたきっかけで「資格取得に向けて頑張ろう！」などと決意をして参考書を買っても、いつの間にか机の上でホコリをかぶっていた……という経験がある人も少なくないはず。

そんな大人向けにつくられた外国語学習用のテキスト「キリトリ式ドリルシリーズ」は、継続しやすいと人気を博しています。その秘訣は「キリトリ式」です。1テーマが表裏の両面1枚におさまっており、切り取って隙間時間にでも勉強できるという仕組みです。そうして勉強を進めていくと、ページが切り取られていく分、ドリル本体は薄くなっていくのです。その結果、ドリルの厚さを見るだけで「自分はこんなに勉強したんだ」と勉強量を把握することができ、自信につながります。使えば使うほど達成感を感じてやる気が出るドリルなのです。

学生時代に、ノートが2冊目、3冊目……と増えていくことで自分の勉強量を感じる人も多かったかもしれません。しかし、これはその逆のアプローチで、目に見えて減っていくことで勉強量を実感できる仕組みになっています。社会人になると、行うべきタスクやそれを記した付箋が山積みになっていても、仕事が進むと徐々に片付いていくのに快感を覚えることも多いはず。この感覚を1冊のドリルの厚さで再現したことがやる気につながったのです。

ダム型

本能スイッチ ●

（メリット）		（本能スイッチのタイプ）		（仕込む場所）		
勉強の達成感を得られる	×	逆ダム型	×	商品の厚さ	=	テキストが薄くなっていくこと

（第五章）

アナログ化型

デジタル体験にあえてアナログな
手ごたえを取り戻す本能スイッチ

本能スイッチなーんだ？

? 電子決済サービスの
本能スイッチなーんだ？

HERE!

支払った実感を演出する
ピッという「決済音」

コロナ禍で一気に世の中に浸透した電子決済サービス。面倒な小銭の勘定をすることなく、かざすだけで支払える便利なサービスです。ここにもアナログ化型の本能スイッチが仕込まれています。それがあの「決済音」です。レジを扱う店員さんもお客さんも決済が完了したことが認識できるものですが、成功をおさめたサービスはだた音を鳴らしているわけではありません。

例えば、交通系IC カードは、自動改札通過時に改札機が定期券の区間内では「ピッ」というキレのある短音、区間外に出ると「ピピッ」という注意喚起のような音、定期券の期限切れやチャージ残高不足のときは「ピー」という否定的な音、うまく読み取れないときは「ピピピピピ」と異常があるように聞こえる音が鳴ります。これは、音の印象から正常に作動しているのかを感覚的にわかるように設計されています。

ユーザーの動作に対して道具が何らかのかたちでフィードバックし、ユーザーが道具の状態を知ることができる、この関係性は「インタラクション」と呼ばれ、サービスのUI/UX 設計においてとても大事な要素とされています。電子決済は、まさに「音」で動作のフィードバックをしているのです。もちろん、支払う実感の演出はこれに限りませんが、失われた身体感覚をただ取り戻すのではなく、より使い心地いい体験へと進化しているのは間違いないでしょう。

アナログ化型

（メリット）　　　（本能スイッチのタイプ）　　（仕込む場所）

本能スイッチ ●

支払った実感 × アナログ化型 × サービス設計 ＝ 決済音

電子印鑑の
本能スイッチなーんだ？

HERE!

│ オフィシャル感を演出すべく
│「アナログ時代のデザイン」を踏襲

近年のSDGsへの注目度の高まりやコロナ禍によって、紙文化だった日本でも一気にペーパーレス化が進みました。デジタル上で書類のやり取りが増え、電子印鑑を使用する機会が今後増えることが予想されます。この電子印鑑、アナログ時代の印鑑の色や形を模しているものが多いんです。デジタル上だと様々な色や形の電子印鑑をつくってもよさそうなのに、なぜデジタル上でもアナログ時代のデザインを踏襲しているのでしょうか?

印鑑の色は法律では特に定められているものではなく、本来何色でも構いません。歴史をたどると、印鑑の元となる「印」が使われだしたのは、紀元前5000年頃といわれています。当時、印には聖なる力が宿ると考えられ、その神聖な力によって所有物を守ってもらう、つまり自分の所有物であるとオフィシャルに示すためのものでした。

また、昔から各国で朱色は火や血に通ずる神聖な色とされていたことや、日本でも血判という信用や信頼を示す際に自らの血を用いて印を押していたという歴史があります。

つまり、印鑑を押すことはその書類の内容に確認や合意をしたという意味になっています。印鑑を押された書類をもらう側も、その書類がオフィシャルなものとして安心感をもって受け取ることができます。このような歴史の積み重ねから、デジタル上でも色や形はアナログ時代を踏襲し、変わらないオフィシャルとしての安心感を演出しているのです。

アナログ化型

本能スイッチ ●

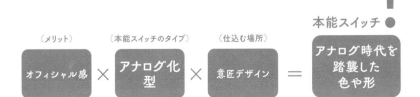

（メリット）　　（本能スイッチのタイプ）　　（仕込む場所）

オフィシャル感 × アナログ化型 × 意匠デザイン = アナログ時代を踏襲した色や形

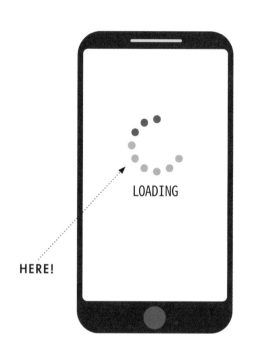

? Web サイトの読み込み中の
本能スイッチなーんだ？

LOADING

HERE!

待機中の不安を解消する
「グルグル回る」アニメーション

Web サイトを読み込んでいる最中や、デバイスの再起動時に表示されるグルグル回るマーク。誰しも一度は目にしたことのあるアレ、実は「進捗インジケータ」という名前がついています。

もしクリック先のページで、画面が数秒間動かなかったら、「操作が伝わっていないのか、フリーズしているのか」と、心配になりませんか？

進捗インジケータの役割は、その不安を解消すること。私たちは不思議と、画面上のグルグルを見ると、「あ、何かが動いているんだな」と、システムが正常に作動していることを察し、安心して待つことができるのです。前述したグルグルと回るタイプは通称ループインジケータと呼ばれているのですが、よく使われるインジケータはもうひとつあります。

それは達成率を示すインジケータで、線形や円形などが用いられることが多く、0% から 100% へ向かって完了度合いを表します。短い待ち時間にはループインジケータを、10 秒以上かかる処理には達成率を示すインジケータを使用するのが一般的です。

一見、小さなマークですが、画面上にあるのとないのとでは大違い。ユーザーの使い心地を向上させる本能スイッチだったのです。どんな人がこのグルグルを開発したのかは不明ですが、ユーザーを思いやる気持ちが人一倍強い人だったのかもしれませんね。

本能スイッチ ●

（メリット）		（本能スイッチのタイプ）		（仕込む場所）		
安心して待てる	×	アナログ化型	×	UI（ユーザーインターフェース）	=	グルグル回るアニメーション

スマートフォンの入力操作の
本能スイッチなーんだ？

HERE!

PLAY !

わざと振動を与えて操作感を出す
「ハプティクス」という演出

デジタル化がもたらす良い面だけでなく、失われていく価値にも目を向けることは重要です。タッチスクリーンに触れるだけであらゆることができてしまう時代には、手応えや操作実感のようなものは感じにくくなっていると言われています。それを取り戻すのが「ハプティクス」。ハプティクスとは、わざと振動を与えることで操作感を出すデジタル演出のことで、触覚フィードバック技術とも呼ばれています。

例えば、スクリーンに触れると触覚から反応を感じられるスマートフォンが多く発売されています。画面を指でグイっと押し込むと、指先に振動が伝わってくるアレです。パソコンでのクリック操作のように、振動によるフィードバックがあることで、タッチスクリーンを通じた確かな操作実感があり、安心して心地よく操作を行うことができます。

また、ハプティクスの考え方は、自動車産業でも活用されています。電子制御による駆動方式のクルマは、操作実感が薄く、ブレーキの利き具合や路面のがたつきがわかりにくいという問題があります。これを解決するために、状況に応じた反力をあえて人工的につくり出し、ドライバーに振動を伝える技術を採用しているのだとか。デジタル化によって失われてしまった操作感や手応えを、振動を使ったハプティクスによって取り戻すことが、デジタル時代におけるリアリティをつくるポイントといえそうです。

アナログ化型

本能スイッチ ●

（メリット）操作するときの手応え × （本能スイッチのタイプ）アナログ化型 × （仕込む場所）商品の操作性 = 操作のたびに反応する人工的な振動

? スマートフォンで写真を撮るときの
本能スイッチなーんだ?

カシャ!

↑
HERE!

撮影実感を助長する
カシャッという「シャッター音」

スマートフォンで写真を撮ったら、カシャッと音がしますよね。

日本だと当たり前ですが、海外のスマートフォンだとミュートにできる仕様があります。音がする理由は諸説あって、日本では盗撮防止のために音を消せないようにしていると言われていますが、消音で撮影できるアプリなども登場しており、必ずしもそれだけが理由というわけではないと考えます。というのも、カシャッという音は、写真を撮る上での本能スイッチのひとつになっているからです。

フィルムカメラやインスタントカメラなどでは、カメラの構造上、写真を撮るときに、ミラーが動く音やシャッターを落とす音が鳴っていました。一方で、スマートフォンのカメラは、電子シャッターが採用されているので、従来のメカニカルシャッターがなく、カシャッという音がしなくても撮影することができる構造になっています。ただそれだと、その瞬間を切り取って残している、という撮影実感が少なくなってしまうことから、今でもスピーカーから、カシャッという音を出すことで、あえてシャッター音を残しているのです。また、パソコンでスクリーンショットを撮る際にも、カシャッという音が鳴るのはこの切り取っている実感が活用されているためだと考えられます。

このシャッター音のように、いらなくなったものをあえて残すことは、今後様々な技術が進化する中で、より一層増えていくのではないでしょうか。

本能スイッチ ●

（メリット）	（本能スイッチのタイプ）	（仕込む場所）	
写真を撮る体験を楽しむ	× アナログ化型	× サービスの使用音	= シャッター音

！ 日本発で世界的なルールになった
！ 「ヒュイーン」という人工音

道幅の狭い路地を歩いていると後ろから「ヒュイーン」という音が。ハイブリッド車が接近しているのを気づかせてくれます。これが人工音であるのを知る人も多いでしょう。でも、この音、ハイブリッド車の発売当初はありませんでした。90年代後半にハイブリッド車が発売されると、環境性だけでなく、静音性の面でも注目を集めました。しかしあまりに静かすぎて車が接近したのに気づかないという新たな問題が！（テクノロジーの進化って難しいですね）

その対策をいちはやく講じたのが日本でした。それが、車両接近装置をつけて人工音を鳴らすというもの。例の「ヒュイーン」という音ですね。発売から約10年後のことでした。そこから日本が働きかけ、世界的なルールになったのです。

スマホカメラのシャッター音もそうですが、デジタル化で失ったものを再び取り戻すアナログ化型の本能スイッチの典型的な事例です。そういう意味では、「ピーピー」という警報音ではなくエンジンのような「ヒュイーン」という音が適していたと考えられます。

とはいえ、車両接近装置にはまだまだ課題もあって、メーカーによって条件が異なるため、車に興味が薄い人や目が不自由な人は、車の音かどうか瞬時に判断できない可能性があるのだとか。今後、もっとわかりやすい音になるのか？ はたまた、全く別の対策が講じられるのか？ 本能スイッチのさらなる進化を期待しましょう。

本能スイッチ ●

（メリット）		（本能スイッチのタイプ）		（仕込む場所）		
車の接近がわかって安全	×	アナログ化型	×	商品の付加機能	=	「ヒュイーン」という人工音

? NFTトレカの
本能スイッチなーんだ？

HERE!

NFT

■「トレーディングカード」に例えた
あえてのアナログなネーミング

デジタルの進化はめざましく、最近では「NFT（Non-Fungible Token）」や「メタバース」など新たなサービスや仕組みが生まれていますが、「NFT」の中にも本能スイッチが仕込まれています。NFT は「代替不可能なトークン」という意味で、デジタル上のデータは複製可能なものが多い中、NFT はそれぞれが偽造や改ざんができない唯一無二のデータになっています。

NFT には様々な形がありますが、手軽に利用できるものとして注目を集めているのが「デジタルトレカ」。文字通りデジタルのトレーディングカードで、スポーツチームやアイドルグループが販売しています。しかし、なぜこれらを昔からあるアナログな「トレカ」と呼ぶのでしょうか？ 新しいテクノロジーに触れるとき、既存の慣れ親しんだものに置き換えることで理解がしやすくなったり手を出しやすくなったりする場合があります。「デジタルのトレーディングカードのようなもの」と言われるとイメージが湧きやすくなりますよね。似たものだと E メールのアイコンは封筒の形にして「お手紙のようなもの」と見せることで、初めての人でも感覚的に理解できる工夫がされています。今までにない新しいテクノロジーを提案する際、お客様に安心してトライアルしてもらえるよう少しアナログ感のあるネーミングやデザインの本能スイッチを仕込む工夫をするのも良いでしょう。

本能スイッチ ●

（メリット）		（本能スイッチのタイプ）		（仕込む場所）		
親しみがわき 安心して トライアルできる	×	アナログ化型	×	商品名	=	アナログな ネーミング

デジタルオーディオプレーヤーの
本能スイッチなーんだ？

HERE!

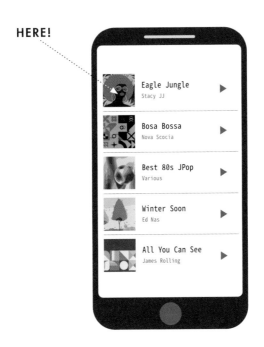

コレクター魂をくすぐる
「アルバムジャケット」のデザイン性

音楽が好きでこれまでレコードやCDを買っていた！ なんて人も最近では、デジタルオーディオプレーヤーで楽しむ人が増えてきています。いつでもどこでも好きな音楽をストリーミングで聞けるものが多く、とても便利ですよね。でも、その便利さ以外にも、デジタルオーディオプレーヤーの定着に寄与したものがありました。

それは、アルバムジャケットのデザイン。お気に入りのミュージシャンで検索をかけるとただ楽曲名やアルバム名が羅列するのではなく、そのミュージシャンのアルバムデザインが並びますよね。これまで、自身の推しのミュージシャンのCDを集めて、そのコレクションを眺めることが喜びのひとつだった人にとって嬉しい仕掛けに

なっているのです。また、かつてはジャケ買いしていた人もアルバムデザインを見て、「あ、これ聞いてみようかな」と思うこともあるのではないでしょうか。つまり、デジタルの世界になってもジャケ買いが続いているのです。このように、自身のコレクション欲や衝動的な欲求を満たしてくれる仕掛けが、オーディオプレーヤーをデジタルへとスムーズに移行させる手助けになったと考えます。

この方法は、漫画アプリにも本棚に本が並ぶデザインにするなど踏襲されています。デジタル化を進める上で、単に利便性や効率性だけでなく、それぞれの買い物行動における欲求に向き合っていくことが今後も必要になってくるでしょう。

アナログ化型

本能スイッチ ●

（メリット）		（本能スイッチのタイプ）		（仕込む場所）		
好きなものを集めている実感	×	アナログ化型	×	商品の表示方法	=	アルバムジャケットのデザイン

**ニコニコ動画の
本能スイッチなーんだ？**

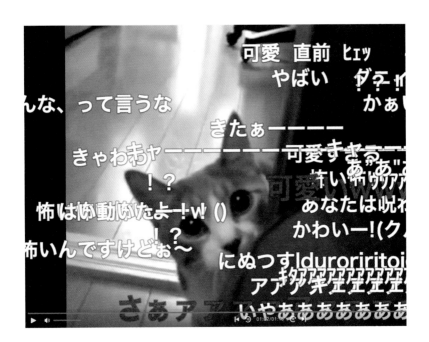

**デジタルコミュニティの
ガヤ感を演出する「弾幕」**

今やなくてはならない存在になった動画共有サイト。日本におけるパイオニアのひとつが「ニコニコ動画」です。現在ほど動画サイトが世の中に定着していなかった2006年に立ち上げられて以降、わずか半年ほどで100万人ものユーザーを獲得し、急成長をとげました。ここまで支持された要因はいくつか考えられますが、最も象徴的なものが、再生している動画の画面いっぱいに視聴者のコメントが流れてくる「弾幕」という演出です。ユーザー同士が別の時間に視聴してもコミュニケーションでき、さらに、コメントの長短によって画面を流れる速さを変えたり、大量のコメントがついているときはレイアウトをわざと崩したりするアルゴリズムも組み込まれています。実はこの表現の強弱こそが、コミュニティがガヤガヤと盛り上がっている感じ、いわゆる「ガヤ感」を醸成し、ユーザーが参加したくなるトリガーになっているのです。デジタルコミュニティではリアルとは異なり、盛り上がりが見えにくい分、それを可視化できるかが重要なポイントになります。

様々な投げ銭の演出があるライブ視聴や、複数のユーザーとインタラクティブに遊べるオンラインゲームが人気なのも、「ガヤ感」が演出できているからといえます。メタバースを筆頭に、デジタルコミュニティの重要性が高まる中で、どう「ガヤ感」を表現するかが成功へのポイントになってきそうです。

アナログ化型

（メリット）		（本能スイッチのタイプ）		（仕込む場所）		本能スイッチ ●
ガヤ感	×	アナログ化型	×	UI（ユーザーインターフェース）	=	弾幕

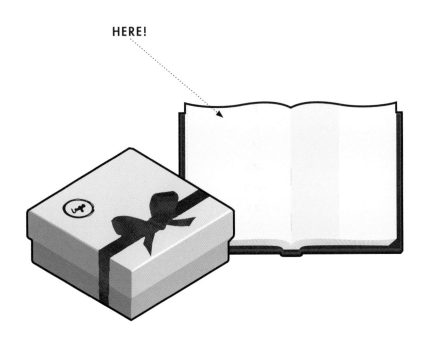

? カタログギフトの
本能スイッチなーんだ?

HERE!

! 気持ちを伝える鍵になる
アナログならではの「重み」

結婚式の引き出物などで近ごろは重宝されるようになったカタログギフト。熨斗がつけられた箱に冊子が入っており、それを見ながら自分の気に入った商品をハガキやネットで選択する形式が一般的です。カタログギフトの中には冊子の代わりにカードにURLが記載され、デジタル上で選ぶタイプもありますが、冊子があるとありがたい気分が増しますよね。

あえてアナログで冊子をギフトとして贈るメリットは、「重さ」にあります。実はこれまでの研究から、同じ内容の商品でも硬さや重さがある方が、人は品質感や信頼性が高いと感じることがわかっています。

つまり相手に気持ちを届けたい場面では、実際に手で重さを感じられる冊子などを渡すのが効果的というわけです。

他にも、子どもの写真を夫婦や祖父母と共有できるアプリでは、アプリ内に登録された写真はいつでも見ることができますが、一方でその写真を実際に手に取れるアルバムやDVDとして作成できるサービスもあります。また、音楽配信サービスで楽曲は配信しているけれどCDも販売されたりと、デジタルとアナログそれぞれの良い面をうまく活用した事例は多くあります。

なんでもデジタル上で手軽に完結できてしまう時代だからこそ、あえてアナログで感じられる「重み」の実感を本能スイッチとして作用させることで、サービスの質感を高めることができるのです。

本能スイッチ ●

（メリット）　　　（本能スイッチのタイプ）　　（仕込む場所）

気持ちが込められている嬉しさ × アナログ化型 × 商品そのもの = カタログギフトの「重み」

家族型ロボットの
本能スイッチなーんだ？

HERE!

抱きしめて初めてわかる、
生きているかのような「ぬくもり」

ロボット技術は進化し、今では簡易な家事を手伝えるものから、バック転などの高度な運動能力を持つものまで様々なものが生まれています。そんな中再注目されているのが、愛する対象としての「家族型ロボット」です。単身世帯の増加や、巣ごもり消費の影響を受け、気軽に迎え入れられるペットとして注目が集まっています。なでるとしっぽを振るものから、おねだりや嫉妬をしてくるものまで、様々なタイプの家族型ロボットが発売されているようです。

このように、家族型ロボットには愛される工夫が凝らされていますが、抱きしめてみて初めてわかる驚きがあります。それは、あえて人肌や本物の動物と同じ"体温"に設定されているものがあること。内部に温度を管理する発熱装置が内蔵されていて、持ち主はロボットと触れ合うときに、まるで本当に生きているかのような温度感が伝わり、相棒としてのぬくもりやつながりを感じやすくなるというわけです。

温度と人の感情が密接に連関していることは、例えば、「温かいまなざし」「氷のような微笑」という言葉からも読み取れます。また科学的な観点からも、物理的な温かさからは心理的なぬくもりを、逆に冷たいものからは孤独感を感じやすいことがわかっています。この視点を活かしてアイデアを考えてみると、例えばシーンに合わせて温度が変化するゲームコントローラーなど、新しい体験のヒントが見つかるかもしれません。

本能スイッチ

（メリット）	（本能スイッチのタイプ）	（仕込む場所）	本能スイッチ
ロボットに感情移入できる ×	アナログ化型 ×	商品の付加機能 =	人肌と同じ温度

❓ 電子書籍の本能スイッチなーんだ？

HERE!

❗ 紙の本を読むような ページめくりの「ぺらりアニメーション」

新しい読書の形として定着しつつある、電子書籍。コンパクトで持ち運びも簡単、マーカーやメモ機能などが搭載しているものもあり、便利と評判です。そんな電子書籍にも、本能的に「使いやすい」と感じられる工夫がなされていました。

それは、ページが移動したときの、紙がめくれるアニメーション。似たようなデザインのページが続く電子書籍の場合、もしこの動作がないと、ページを移動したときにぱっと見て前に進んだのか後ろに戻ったのかが分かりにくくなってしまい、戸惑う可能性も。そんなとき、ページめくりのアニメーションがあるだけで直感的にページの動きがわかるようになるので、ストレスなく利用できます。

また、巻末にある表や索引などを見たり何章も前のページを読み返したりしても、即座に今読んでいたページに戻ることができる機能もありますが、これは紙の本を読む際に指をしおりがわりに使う行為から着想を得た機能です。他にも、紙の質感に近づけるために、ブルーライトの反射を最小限に抑え、目に負担がかからずに読書を楽しめるような工夫がなされているものもあります。

デジタル化が進むほど、逆にアナログの価値が見直される、というのはこの事例に限った話ではありませんが、電子書籍は本来の魅力を損なわないよう本を読む人をたくさん観察して作られたものだとわかりますね。

アナログ化型

本能スイッチ ●

（メリット）		（本能スイッチのタイプ）		（仕込む場所）		
紙の本を読み進める感じ	×	アナログ化型	×	サービス使用経験	=	ページ移行時にぺらりとなる

第六章

セレモニー型

過去に快感を覚えた儀式の手順を
そのまま活用した本能スイッチ

本能スイッチなーんだ？

HERE!

! つい乾杯したくなる
生ビールのような「ジョッキ」

ウィスキーの売り上げが低迷したときの挽回策として有名なハイボール。今はすっかり定番化しましたが、その裏には実に巧みな工夫があったんです。それがお店で提供するときの「ジョッキ」。

　なんとかウィスキーを飲む機会を増やすべく、ビールからハイボールへと乾杯習慣を変えることが目論まれました。とはいえ、人々に染み付いた習慣を変えることは容易ではありません。そのときに目を付けたのは「飲む体験」です。ビールを飲むときを思い出してください。なみなみとビールがつがれたジョッキを持ってみんなで乾杯してごくごく飲む。それってとんでもなく快感ですよね。頭の中には「①ジョッキを持つ」「②乾杯する」「③ごくごく飲む」という3ステップが儀式としてインプットされています。それを追体験すべく、サントリーが先駆けて、いままではロンググラスで提供されていたハイボールを思い切ってジョッキで提供したのです。

　これがうまくいきました。もちろんそれ以外にも、アルコール度数や作り方にこだわるなどいろんな成功要因はありますが、習慣化の観点で見るとこのジョッキで飲むという行為なしでは、いまほど乾杯習慣を塗り替えることはできなかったでしょう。

　人は習慣をガラッと変えられると、どれだけメリットがあっても、面倒になってしまいなかなかやってくれません。だから、ビールで乾杯する一連の行動をコピーすることで、ストレスなくハイボールにスライドできたのですね。

本能スイッチ ●

（メリット）		（本能スイッチのタイプ）		（仕込む場所）		
乾杯を楽しむ	×	セレモニー型	×	提供方法	=	ジョッキ

❓ 壁掛式 CD プレーヤーの 本能スイッチなーんだ?

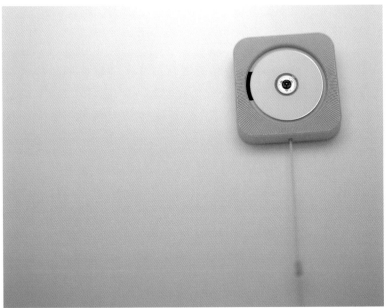

Photo：藤井保　Design：深澤直人

❗ ぶら下がった紙を引っ張りたくなる 「換気扇」のようなデザイン

2000年に無印良品から発売され、一世を風靡した「壁掛式CDプレーヤー」をご存じでしょうか。当時のオーディオ機器は、大きなスピーカーを搭載していたり、重低音にこだわるなど、各社音響性能の高さで競い合っていました。そんな中、時代の流れに逆行し、換気扇のような見た目からシャリシャリした軽い音が流れる同商品は、そのデザイン性に注目が集まりました。なぜ多くの人を魅了したのでしょうか？

日本の住宅にある昔ながらの換気扇は、ぶら下がった紐を引っ張ると、ゆっくりとファンが回転しはじめて、ちょっと時間が経ってから安定し、風の音も一定になります。まさにこの一連の動作を音楽プレーヤーに取り入れたのです。紐のスイッチを引くとゆっくりとCDが回転しはじめ、音楽が流れだします。生活感や風通しの良さを感じさせ、これまでの「音にこだわる音楽」から「生活の中に溶け込む音楽」へと価値を転換させたのです。ボタンをポチッと押すだけで素早く電源のオン・オフを切り替えられる便利さはありがたいですね。しかし、一昔前の生活家電やゲーム機が立ち上がるときのような、じれったい起動時間がなくなってしまい、どこか味気なく感じることも少なくありません。この商品が多くの人の心を射止めたのは、単に換気扇に形が似ているからではなく、昔懐かしい機械のように、紐のアナログチックな感触からはじまる一連の動作が体験設計されていたからではないでしょうか。

本能スイッチ●！

（メリット）		（本能スイッチのタイプ）		（仕込む場所）		
生活の中に音楽が溶け込む	×	セレモニー型	×	商品デザイン	=	紐のスイッチで、ゆっくり起動

セレモニー型

? ライブのデジタルチケットの
本能スイッチなーんだ？

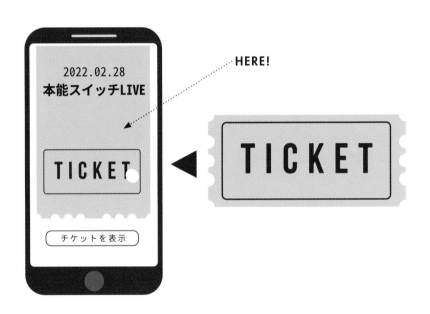

2022.02.28
本能スイッチLIVE

HERE!

TICKET

TICKET

チケットを表示

！「紙チケット」の醍醐味を感じる
「擬似チケット」

初めてのコンサートや大好きなアーティストのコンサートのチケットは大事に持っていたいもの。しかし、最近はスマートフォンでQRコードを提示して会場に入るシステムが構築されつつあります。これらのシステムは紙チケットの必要がなく入場手続きも簡単な反面、若干味気ないところもあります。今までは「①紙チケットを提示して入場する」「②コンサートを楽しむ」「③家にチケットを持ち帰り思い出に浸る」が一連の儀式でしたが、デジタルチケットでは「①QRコードを提示して入場する」「②コンサートを楽しむ」で完結します。QRコードを見返してもコンサートの感動はよみがえらないもの。

そのため、アーティストによってはQRコードだけでなくコンサートの日付や自分の席が記載されたデジタル画像を保存して後から見返せる仕組みを採用しています。紙とデジタルの違いはありますが後で見返せるので「①QRコードを提示して入場する」「②コンサートを楽しむ」「③デジタル画像を見て思い出に浸る」ことができます。他にはQR入場時に記念に紙チケットを渡したり、コンサート後に送付することで「①QRコードを提示して入場する」「②コンサートを楽しむ」「③紙チケットを見て思い出に浸る」の一連の儀式を復活させているのです。

デジタルによって効率化が進む中、省略されてしまった本能スイッチがないか？ それをよみがえらせる術はないか？ を考えることで、体験の質を高めることができるのです。

セレモニー型

本能スイッチ ●

（メリット）		（本能スイッチのタイプ）		（仕込む場所）		
コンサート後の余韻を楽しめる	×	セレモニー型	×	付加サービス	=	「紙チケット」の醍醐味を感じる「擬似チケット」

? Z世代向けの新しいニキビパッチの
本能スイッチなーんだ？

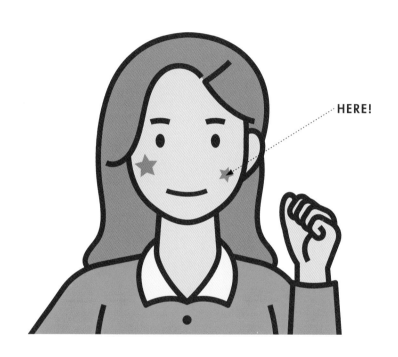

HERE!

! 「タトゥーシール」のような
ポップでかわいらしいデザイン

思春期の頃は特に、悩みのタネにもなってしまうニキビですが、いま米国ではZ世代向けの新しいニキビパッチブランドが登場しています。中でも人気のブランドに共通しているのは、どれも従来のような透明タイプや絆創膏タイプのような医療用品っぽいデザインではなく、タトゥーシールのようにポップでかわいらしいデザインだということ。カラフルな花のデザインが人気のブランドもあれば、星形パッチがシグネチャーになっているブランドもあります。キャラクターコラボも盛んで、いまや「デザイン・ニキビパッチ市場」といえるほどの盛り上がりを見せています。

これはまさに、タトゥーシールはZ世代にとって使い慣れたものという点に着眼し、「①柄を選んで」「②顔に張って」「③個性をアピールする」というタトゥーシールの儀式を、見事にニキビパッチの世界に持ち込んだ例といえます。結果的に、ニキビは人に見せたくないものという概念を覆し、ニキビをポジティブに楽しめるものへと変えることに成功しています。

ちなみに米国では、ニキビ以外にも抜け毛やEDの治療薬を扱うブランドが、リビングに置きたくなる美容品のような洒落たデザインの商品で人気を集めているなど、これまで買うのに心理的ハードルのあったコンプレックス商材を、イケているものに転換する流れがきています。こんなとき、セレモニー型の発想には何かヒントがあるかもしれません。

（メリット）	（本能スイッチのタイプ）	（仕込む所）	本能スイッチ ●
ニキビをポジティブに捉えられる	× セレモニー型	× 商品そのもの	= タトゥーシールのようなデザイン

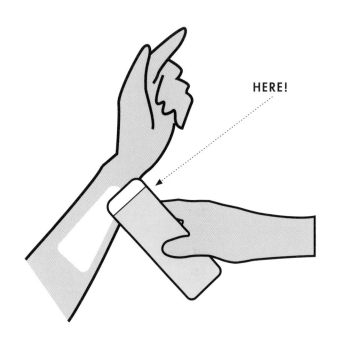

スティック型日焼け止めの
本能スイッチなーんだ？

HERE!

リップスティックからヒントを得た
気づいたときに「サッと塗る」使い方

日焼け止めで近ごろ着目されているのが、スティック型の商品です。固形の本体部分を回して出して、コロコロと塗る日焼け止めで、いつでもどこでも手がべたつくことなく、サッと使えるので人気になってきています。

今までは手で直接塗るタイプのものが主流となっていた中で、なぜスティック型が受け入れられるようになったのでしょうか？　それは、私たちが日ごろよく使うリップスティックに使い方が似ているからです。リップスティックといえば、お出かけの際にカバンに忍ばせ、色が落ちてきたらサッと塗り直すものですよね。日焼け止めも効果が数時間しかもたないと言われているため、特に日差しの強い夏場には、外出時にもこまめに塗り直す必要があります。そのときに、手がべたつかずに塗り直せるのがポイントです。

実はリップスティックも日焼け止めと同様の進化を遂げています。スティック型の前は指で塗るタイプしかなかったために、指先が赤くなってしまうというデメリットがありました。大正時代に入ると現在も販売されているような形のリップスティックが日本でも発売され、利用者から大きな反響があったと言われています。当時は女性の社会進出が加速しはじめた時代で、仕事場など外に持ち歩く必要性があったのでなおさらです。

昨今、美意識が高まり、年中日焼け止めを塗る人も増えたため、このスティック型日焼け止めが重宝されるようになったのです。

本能スイッチ ●

セレモニー型

（メリット）
いつでも日焼け止めをサッと塗れる
×
（本能スイッチのタイプ）
セレモニー型
×
（仕込む場所）
商品の形状
＝
サッと塗れるスティック型

? JINS の陳列の
本能スイッチなーんだ?

! 戻さずにはいられない
「マス目状の什器」

センスのいいデザインのメガネをお手頃な価格で購入できると人気のアイウエアブランド、JINS。実は、店内の設計に本能スイッチが隠されています。

商品が陳列している格子状の什器の中には、メガネが4×5のマス目に並んで収納されています。これはJINSの基本となる陳列方法で、ほとんどの店舗で取り入れられているもの。シリーズごとにまとまって陳列されているため、お客さんは自分好みのメガネを一目で見つけることができるのです。

実はこの陳列方法、人間の習性を利用して、店内をきれいに保つように促す効果があります。お客さんがメガネを取ると、取ったマス目が空くため、無意識のうちに元の場所に戻してくれます。枠のない陳列だと、お客さんが試着した後戻す場所があやふやになり、結果商品が煩雑に置かれてしまいがち。でもJINSの陳列方法なら、お客さん自らが率先して元の位置に戻してくれるのできれいなまま保てます。

ところで、空いているマス目を埋めるという行為は、囲碁や将棋の動きと似ていると思いませんか？　不思議と元の場所に戻してしまう心理の裏には、親しみのある日本独自の文化が関係しているのかもしれません。

このように、日ごろからよくやっている儀式を模して作られているサービスや商品は、実は身の回りにもたくさん隠れています。お客さんも使いやすく、かつ店舗の人件費削減にもつながるところが、なんとも秀逸ですね。

本能スイッチ ●

（メリット）　綺麗な商品陳列を保てる × （本能スイッチのタイプ）セレモニー型 × （仕込む場所）店内の什器 ＝ 4×5のマス目状の什器

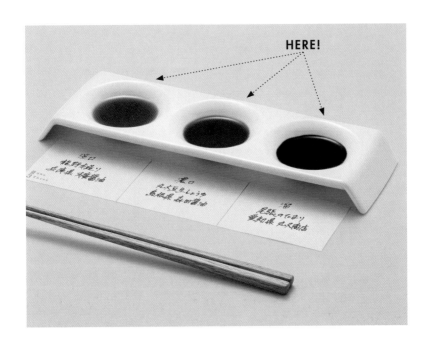

?
醤3プロジェクトの
本能スイッチなーんだ?

HERE!

! 焼肉屋のタレ皿をヒントにした、
「三口の醤油皿」

焼肉屋さんにいくと三口のタレ皿が出てきます。醤油ダレ、味噌ダレ、塩ダレをお肉の部位ごとに使い分けて食べる。なんとも至福の時間です。でも、なんで醤油は使い分けないんだろう？ そんな疑問から生まれたのが醤3プロジェクトの三口の醤油皿です。日本人は、昔から毎日のように醤油を使うのに、「使い分ける」ことを日ごろからしている人はそれほど多くはいません。

そもそも醤油は、大きく5つに分類されます。濃口醤油・淡口醤油・再仕込醤油・溜醤油・白醤油です。濃口醤油は、一般的なもので万能タイプ。「うすくち」と読む淡口醤油は、関西生まれで色や香りを抑えたもので、素材の持ち味を活かしてくれます。再仕込醤油は、濃厚で、刺身、寿司、冷奴などに最適。溜醤油は、とろみと濃厚なうま味、独特な香りが特徴で、照り焼き、佃煮、せんべいなどに向いています。最後に白醤油は、淡口醤油よりさらにうすくて、お吸い物や茶碗蒸しなどに使用されます。この解説を読むだけで、使い分けたくなってきますよね。でも、なかなか新たな習慣を根付かせるのは難しいもの。そんな中、焼肉屋さんの三口のタレ皿で、部位に応じてタレを使い分けて食べるという儀式を醤油の世界にスライドさせたのが三口の醤油皿。実に巧みなセレモニー型の本能スイッチが仕込まれていますね。ワインや日本酒と料理を合わせるペアリングも人気が出てきているので、料理に合わせた醤油を使う新習慣ももっと広がっていきそうですね。

（メリット）
料理に合った醤油だと美味しい
×
（本能スイッチのタイプ）
セレモニー型
×
（仕込む場所）
提供方法
＝
本能スイッチ ●
！
三口の醤油皿

**? プリントスの
本能スイッチなーんだ?**

HERE!

**! インスタントカメラっぽさを演出する
! 「シャッターを押す」という手順**

プリントスは、スマホの写真をプリントできる簡易プリンターです。それだけ聞くと、先端技術を用いたデジタル機器のように思うかもしれません。しかし、実際は超アナログ。電池も、Wi-Fiも、Bluetoothも、専用アプリも、何もいらず、スマホの写真を用意するだけでプリントできるのです。ただ、そのシンプルな構造にこだわりが詰まっています。

具体的には、「①スマホ画面にプリントしたい写真を表示して画面を下向きにして台に固定する」「②シャッターを押す（転写される）」「③つまみ部分を回してフィルムを出す」という手順で写真がインスタントフィルムにコピーされる形でプリントされます。ここで注目したいのは「②シャッターを押す」というステップ。ここでシャッターと呼んでいるものは、初見ではそうは見えないボタンのようなものです。あえてそれを公式にシャッターという言葉を用いているところがミソで、ユーザーにインスタントカメラをイメージさせるきっかけになっています。また、それ以外にも、プリントして出てきた写真が、時間の経過とともに徐々に鮮明になっていくインスタントフィルムを用いているため、写真が完成するまでは少し待つ時間が必要です。この設計もまるでインスタントカメラのようで趣深く、ユーザーをワクワクさせる体験のひとつです。プリンターの固定概念にとらわれず、インスタントカメラの考え方を転用したことで、幅広い世代に支持される商品となりました。

本能スイッチ

（メリット）スマホの写真を現像できる × （本能スイッチのタイプ）セレモニー型 × （仕込む場所）サービス設計 ＝ インスタントカメラ風のアナログ構造（シャッター）

？ カプセルトイの
本能スイッチなーんだ？

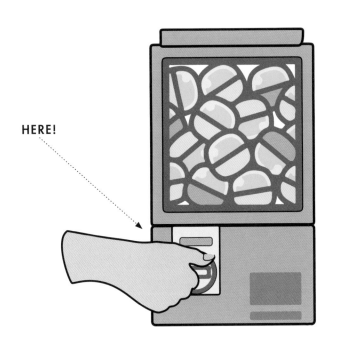

HERE!

！ ワクワク感を増幅させる
レバーを回すときの「重厚感」

硬貨を入れてレバーを回すことで、カプセルに入った玩具が出てくるカプセルトイ。出てきたカプセルを手にしたときに、妙な嬉しさを感じますよね。カプセルトイのレバーを回す際、少しだけググっと力を入れる必要があるのですが、この回す際の「重厚感」が、ワクワク感を演出しているのです。

もしカプセルトイで玩具を手に入れる方法が、飲料の自動販売機のようにボタンを押すだけだったらどうでしょう？ ちょっと物足りなさを感じるのではないでしょうか？ 実は重さによって"ワクワク感"を増幅させる演出は、昔から使われていました。

それが町内会やスーパーなどで行われている福引のガラガラ抽選機。ガラガラ抽選機のレバーを回すとき、重さを手で感じながら「当たるかな!?」とドキドキが増した経験がある人も多いでしょう。

このような重さという引っ掛かりをつくる理由は、"苦労せずに手に入れたものよりも苦労して手に入れたものを好む"という脳の傾向を活用しているから。回す際に重くすることで小さな苦労をつくり、それが期待感となって玩具を手に入れたときの達成感をより強く感じられるのです。さらにこの達成感によって、脳内でドーパミンが放出されます。ドーパミンは目標を達成したときに分泌されることが多く、分泌されることで「楽しい」と感じるといわれています。あえて小さな苦労を加えることがワクワクを生む良いスパイスになっているんですね。

セレモニー型

本能スイッチ ●

（メリット）		（本能スイッチのタイプ）		（仕込む場所）		
お宝を手に入れた"達成感"	×	セレモニー型	×	サービス設計	=	レバーを回すときの「重厚感」

？ ギャツビー フェイシャルペーパーの
本能スイッチなーんだ？

！「ペーパー洗顔」のヒントは、
高校生の部活とおじさんの「あの行為」

コンビニやドラッグストアでよく目にする男性用の顔拭きシート。1996年にマンダムから発売された「ギャツビー フェイシャルペーパー」がそのパイオニア的な存在で、セレモニー型の発想が取り入れられています。

それは「高校生が部活動の後に洗顔料を持ち運んでいたこと」でした。開発当時、コンビニを中心に男性向け洗顔料の売上が激増していました。高校生が部活終わりに顔を洗うために買っていたのです。もっと手軽に持ち運べて、外出先でも洗顔できないものか、そんな想いから、マンダムは「外出先の洗顔」という行為を転用し、「ペーパー洗顔」という商品コンセプトを生み出しました。

それだけではなく、別のセレモニーも取り入れました。それは、おじさんが喫茶店や居酒屋でよくやる「おしぼりで顔を拭く」行為。気持ちよさそうに顔を拭く行動に着目し、厚手のおしぼりで顔をゴシゴシする気持ちよさを再現することにこだわり、ヨレない素材を100種類以上も探し求めました。さらに「おじさん臭さ」を払拭すべく「フェイシャルペーパー」というスタイリッシュな商品名にしたことで、若者にも愛されるロングセラー商品が誕生したのです。

ここ最近、おじさんイメージが根強かったステテコや腹巻きなどが女性や若者にウケていますが、おじさんの行為や習慣にも目を向けると、マーケットの可能性はさらに広がるかもしれませんね。

セレモニー型

本能スイッチ ●

（メリット）　　（本能スイッチのタイプ）　　（仕込む場所）

| 顔を拭いてさっぱり | × | セレモニー型 | × | 商品設計 | = | 洗顔のように拭けるシート |

**? 加熱式タバコの
本能スイッチなーんだ?**

**！吸っている気分が高まる
「紙タバコの喫煙ステップ」の再現**

タバコの新しい付き合い方として生まれた電子タバコや加熱式タバコ。加熱式タバコは毎回スティックを挿して吸い終わるとそのスティックを灰皿に捨てる仕組み。対して電子タバコは一度リキッドを注入すればしばらくそのまま吸い続けられます。一見ステップが短い電子タバコの方が好まれるかと思いきや、実は加熱式タバコの方がシェアを伸ばしているのです。なぜなのでしょうか？ その裏には、セレモニー型の本能スイッチがあると考えます。紙タバコは「①タバコに火をつける」「②タバコを吸う」「③火を消す」「④灰皿に捨てる」の4ステップが基本です。そしてこの4ステップが加熱式タバコには巧妙に踏襲されているのです。
「①スティックを加熱式タバコに挿して、加熱スイッチを押す」「②タバコを吸う」「③終わりの合図でタバコを吸い終える」「④スティックを灰皿に捨てる」。火をつけるのかスイッチを押すのかの違いはありますが、ステップはよく似ています。

一方電子タバコは「①リキッドを注入する」「②タバコを吸う」の2ステップで終了。一度リキッドを注入すれば複数回吸うことができるので1ステップだけの場合もあります。

このように、加熱式タバコは紙タバコとステップが似ています。今まで染みついた行動をガラリと変えるのは拒否反応がでやすいので、既存の行動を引き継ぎながら少しだけ変えるのが習慣化への近道なのです。

本能スイッチ ●

（メリット）

紙タバコを
吸った
気持ちになる

×

（本能スイッチのタイプ）

セレモニー
型

×

（仕込む場所）

商品そのもの

＝

紙タバコの
喫煙ステップ

? デジタルカメラの
　本能スイッチなーんだ?

HERE!

! 覗くだけで
・ 撮影モードになる「ファインダー」

写真を撮るときに、カメラのファインダーを覗く。これはよく見かける光景ですが、デジタルカメラの誕生によってファインダーを覗かなくても、液晶ディスプレイを見れば、どう撮れているのかがわかるようになりましたし、なんならファインダーのないデジタルカメラも誕生するほどです。テクノロジーの進化もあって、ファインダーの必要性があまりないように感じるのですが、なぜ今でもファインダーが残っているのでしょうか。

それは、これまでのフィルムカメラで写真を撮影するときに、「①被写体を決める」「②ファインダーを覗いて撮影に集中する」「③被写体の画角を決める」「④シャッターを押す」という4ステップが基本的な儀式として浸透しているのが一因と考えられます。

この一連のステップが、デジタルカメラに進化した今でも踏襲されているというわけです。「②ファインダーを覗いて撮影に集中する」をなくしてもデジタルカメラで写真を撮ることは可能です。しかしファインダーを覗くことで、より撮影に集中できるように身体に染み付いているのでしょう。実際にファインダーを覗かずに写真を撮影すると、なんだか適当に撮影しているような感覚に陥る人も少なくありません。

今後もますますテクノロジーが進化していくと予測されますが、写真撮影においてファインダーを覗いて撮影に集中する、という行為は残っていくのではないでしょうか。

セレモニー型

本能スイッチ ●

| （メリット）
撮影に集中できている感じ | × | （本能スイッチのタイプ）
セレモニー型 | × | （仕込む場所）
商品設計 | = | ファインダー |

? ヨガ教室の
本能スイッチなーんだ？

! 本場感を演出する
「ナマステ」の挨拶

あるヨガ教室では、レッスンの最後にみんなで「ナマステ」と挨拶をしてレッスンを終了するのがお決まりになっています。そういえば私が以前通っていたゆるいボクササイズジムには、本格感を出すためにプロフェッショナルな雰囲気のカウントダウンタイマーが置いてありました。このように本場で実際にやっていそうな「それっぽさ」を付加することで、やった感や効果実感を増幅させる行為もセレモニー型の本能スイッチです。

昔から趣味や習い事などに「形から入る」という言葉があります。実はこれが趣味や習い事の効果実感を高めているのです。心理学には「拡張自我」という考えがあり、自分の持ち物や意識的な振る舞いが自らの一部として認識されていくことを意味します。本格的な道具を揃えたり本場のような振る舞いをすることで、それ自体がだんだん自分の実力に思えてきて向上心が湧き、長続きするというポジティブなサイクルが生まれるのです。冒頭で触れたヨガ教室の「ナマステ」や「プロフェッショナルな雰囲気のタイマー」は、実に的確かつ手軽にこの本能スイッチを押しています。

もし継続を促したい商品やサービスに「本場」と呼ばれるものがあったら、本場の決まり事やルーティンがないか探してみるといいでしょう。セレモニー型の本能スイッチのヒントが見つかるかもしれません。

セレモニー型

本能スイッチ ●

（メリット）		（本能スイッチのタイプ）		（仕込む場所）		
やった感や効果実感の演出	×	セレモニー型	×	プログラム内容	=	本場感を演出する動きや掛け声

? ダイドードリンコの自動販売機の
本能スイッチなーんだ？

！ 栄養成分表示を確認できるように
あえて見せた商品の「裏面」

商品を手にとり、すかさず裏面を見て、棚に戻す。スーパーやコンビニに行くと、そんなシーンをよく見かけるようになりました。裏面にある栄養成分表示を確認しながら、どれを買おうか吟味しているのだと思います。さらに健康意識の高まりからダイエットや食事制限がスタンダードになり、どんな添加物が含まれているかという基準でも、生活者が商品選びをはじめたのです。

そんなついつい売り場でやっている一連の行為に目をつけ、本能スイッチとして取り入れた自動販売機がありました。ダイドードリンコの「裏面自販機」です。ダイドードリンコは、すべての飲料が保存料不使用で、香料無添加のコーヒー、糖や脂肪の吸収を抑える機能性飲料など、健康を気づかう商品を多数揃えています。しかし、主戦場である自動販売機では、商品購入時に成分表示やカロリーが確認できないことがネックでした。そこで同社は、これを逆手に取って、裏面に記載されている栄養成分やカロリー表示を前面に貼った自動販売機を設置しました。「①商品を見つける」「②裏側を見る」「③購入を決める」という売り場でやっている一連の儀式を自動販売機で再現したわけです。これは静岡限定ではありましたが、ユニークな施策として大きな話題を呼びました。

商品やサービスの使い方だけではなく、新たな売り場での購買行動にもセレモニー型の本能スイッチを活用することができるのです。

セレモニー型

本能スイッチ●！

（メリット）		（本能スイッチのタイプ）		（仕込む場所）		
健康基準で商品を選べる	×	セレモニー型	×	商品の陳列方法	=	あえて裏面を見せる

**❓ 知育菓子の
本能スイッチなーんだ？**

❗練ったりこねたりする
「料理のような作業工程」

幼少期に多くの人が楽しんだ、知育菓子というのを覚えていますか？　購入したらそのまま食べるのではなく、練ったり、こねたり、絞ったり、形づくったりと、子どもが自ら手を加えて完成させるお菓子のことです。

こうした知育菓子にもいろんな種類があります。最も多いのは料理をモチーフにして、最終的にスイーツやごはんを模した形のお菓子ができあがるというものです。味は見た目とかけ離れたものが多いので、必ずしも完成形を料理の見た目にする必要はないはずですが、それでも料理がモチーフのものが多いのには理由があります。こうしたお菓子の対象年齢は2〜3歳以上の場合が多いのですが、そのぐらいの年齢の子どもが料理とい

うものに惹かれやすいからです。幼少期は、何に対しても興味が湧く時期で、近くにいる家族の行動を真似したがります。そんなときに、日々の暮らしの中で何度も目にする行動がお父さんやお母さんの料理です。

知育菓子は、「食べたい」という食欲だけでなく「周りの人がすることを真似したい」という幼少期の知的好奇心まで満たしてくれます。親御さんは、食べ物に何でも混ぜようとしたり、飲みものに入れようとしたりする遊び食べをする子どもに困ったこともあるかもしれませんが、これも幼少期ならではの知的好奇心のひとつなんだとか。知育菓子は、こうした本能的な好奇心に着目したことで、時代を超えて子どもたちに支持されるお菓子となりました。

本能スイッチ ●

（メリット）
知的好奇心を満たす

×

（本能スイッチのタイプ）
セレモニー型

×

（仕込む場所）
商品そのもの

＝

料理のような作業

男性用トイレの小便器の
本能スイッチなーんだ？

HERE!

ついつい狙いたくなる、
あの「的」

男性の皆さんには馴染みのある男性用トイレの小便器にある的。あの的があると、ついつい狙ってしまいますよね。

これは、弓道やダーツなどの的をめがけて放つ、という行為を元に発想されています。弓道やダーツは、「①的に向けて狙いを定める」「②その的めがけて投げる」「③その結果を喜ぶ」というスポーツですが、それが排尿のシーンでも応用されているのです。排尿の場合は、「①的に向けて狙いを定める」「②その的めがけて排尿する」「③うまく当たって喜ぶ」というような流れで見事に踏襲されていますよね。

また、これは心理学で言われる「アフォーダンス理論」をうまく活用しています。アフォーダンス理論というの

は、商品の機能を説明しなくても、使う人がどう使えば良いのか理解できるデザインになっていることを言います。例えば、ドアノブは、下に押して引けば良いんだな、と説明しなくても自然に操作できるデザインになっているのです。それにならって、男子便器の的も、ついついそこを狙ってみたくなる心理をうまく表現したデザインになっているわけです。

もちろん機能としてもそこを狙うことで一番尿ハネしにくい角度になっているので、掃除の手間が軽減されます。スポーツに潜む行為を日常生活に落とし込むことで、掃除の手間を減らす。なんとも画期的な取り組みだったのです。

本能スイッチ ●

（メリット）　　（本能スイッチのタイプ）　　（仕込む場所）

尿ハネで汚れにくくなる × **セレモニー型** × **サービス設計** = **小便器の的**

? Teams の Web 会議ツールの 本能スイッチなーんだ？

！「目線が揃うユニークな背景」で 醸し出される一体感

今やリモートワークには欠かせない存在となったWeb会議ツールですが、Microsoft Teamsの"Togetherモード"では、離れていても自然な会議ができるようある工夫が施されています。

それは、画面上に参加者全員が表示される所と、ユニークな背景が選べる所。発言者以外とも目線があうため会話が生まれやすく、また、教室や海の中など、遊び心あふれる背景は参加者をリラックスさせるため、アイコンタクトもしやすくなるのです。

Microsoftが"Togetherモード"利用者の行動を観察したところ、ノーマルモードと比較して、「他の人にも注意を払う」「自発的にカメラをオンにする」などの変化が見られたそうです。リモートワークでは、他者との偶発的なコミュニケーションが取りにくいことが課題ですが、この機能を活用すればその課題を緩和できるのです。

実はこのツール、発案者はアメリカのエンターテイナー。コロナ禍に観客の前に出る機会が減った共演者たちのために、バーチャルな観客を集める仕組みを模索していた際に、この表現方法によってパフォーマンスの質を向上できると気づいたそう。数多くのお客さんに接してきたエンターテイナーという職業だからこそ、発見できたポイントかもしれませんね。

セレモニー型

本能スイッチ ●

（メリット）		（本能スイッチのタイプ）		（仕込む場所）		
Web会議が活性化する	×	セレモニー型	×	UI（ユーザーインターフェース）	=	Togetherモード

（第七章）
ケーススタディ

さて、ここからは、私たちヒット習慣メーカーズのメンバーが実際に担当した商品のケーススタディをやっていきましょう。最初に、その商品の「背景」をご紹介します。それを読んで、あなたご自身が商品の担当者だったとしたらどんな本能スイッチを仕込むか？ について複数考えてみてください。考え終わったら、その先を読み進めていきましょう。ケースごとに実際に仕込んだ3つの本能スイッチを紹介していきます。自分が考えたものと照らし合わせながら追体験することで、より深い理解につながるでしょう。もちろん、ここで紹介する本能スイッチがすべてではありません。あなたが思いついた本能スイッチが、思わぬ新発見かもしれませんよ。

「Asahi BEERY」 の場合

「海外から脱アルコール設備を導入します」この一言から商品開発がはじまりました。今までの日本のノンアルコールビールはいろんな材料を調合することで、ビールのようなおいしさを生み出してきました。しかし、まず本物のビールをつくってから、脱アルコール設備を使いアルコール成分のみを抜くことで、本格的なビールの味を実現できるのです。その本格的なうまさに本能スイッチを仕込むことで、最大限魅力を伝えていく、様々な工夫を施す必要がありました。さて、どうしたでしょうか?

（メリット）　　　　　　　　（本能スイッチのタイプ）　　　　　（仕込む場所）

| アルコール分
0.5%なのに
本格的なうまさ | × | ??? | × | ??? |

||

本能スイッチ

???

本能スイッチの仕込み方①

本格的なうまさをどう伝えるか？　まず思いつくのは、コンフォート型の本能スイッチ。うまさは脳が快感を覚えるコンフォートな感情ですからね。アルコール分0.5％のビールと言われたら、あなたはどんな色のデザインを考えますか？　アルコール度数が低いので、軽いテイストで、白いパッケージやナチュラルな色味のアースカ

ラーなどを考えるかもしれません。しかし、この商品はあえてそれを選びませんでした。なぜなら、アルコール度数のみならず味もまた軽く薄いものに感じられるリスクがあったからです。アルコール分5％の本格的なビールと同等、あるいはそれ以上のうまさを体現すべく、あえて黒いパッケージにしたのでした。

（メリット）
アルコール分
0.5%なのに
本格的なうまさ

×

（本能スイッチのタイプ）
コンフォート型

×

（仕込む場所）
パッケージの
色

＝

本能スイッチ●

あえての
黒いパッケージ

本能スイッチの仕込み方②

「微アルコール」というまったく新しい
ジャンルの商品を目指したので、今
までにない斬新なデザインにするこ
とも考えられました。しかし、そうし
た場合どうなるでしょうか？　人は慣
れ親しんだものを好む傾向がありま
す。だから斬新すぎると何を飲んで
いるのかいまいちピンとこなくて、ビー
ルを飲んだ満足感が得られなくなる
可能性があるのです。そこで、あえ
て普段飲んでいるビールのデザイン
モチーフを活かしながら、そこから少
しずらして新しいデザインにすること
で、あたかも儀式としてビールを飲
んでいるようなセレモニー型の本能ス
イッチを施すことができました。

アルコール分 0.5％なのに 本格的なうまさ	×	セレモニー型	×	パッケージの レイアウト

＝

本能スイッチ

あえての
ビールっぽい
デザイン

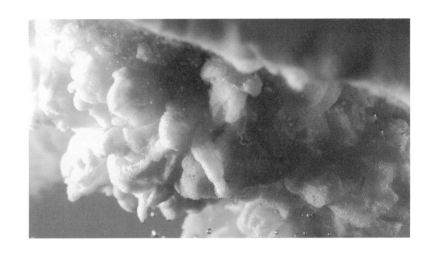

本能スイッチの仕込み方③

パッケージでの工夫はあれど、やはり長く飲み続けてもらうには、商品の味覚設計そのものがとても大事です。アルコール分０.５％のビールなので飲みやすいスッキリとした味覚設計も考えられるでしょう。しかしビールはやはり「ゴクゴクプハー」というのどごしこそ、飲んだときの満足感を得る

ための重要なポイントなのです。そこで、あえて飲みごたえのある濃い味にすることで、アルコール分０.５％とは思えないくらいの刺激＝ミント型の本能スイッチを仕込むことができました。BEERY は、「あえて」の工夫の積み重ねで世の中に受け入れられる商品になったのです。

（メリット）

アルコール分 0.5％なのに 本格的なうまさ

×

（本能スイッチのタイプ）

ミント型

×

（仕込む場所）

味覚設計

‖

本能スイッチ

あえての 強いのどごし

「サンスター Ora2 プレミアム」 の場合

使う人の悩みに合わせて選べたり、香りやデザインなど使っているときも気分が上がる感覚を大切にする。そんな "コスメ発想" を基につくられたのが、サンスターの Ora2 ブランドの「Ora2 プレミアム」シリーズです。このシリーズには、デイリーで使える

ベーシックケアラインの他に、気になるポイントを集中的にケアできるスペシャルケアラインが存在します。スペシャルケアラインを通じて、特別感や幸せ気分を感じてもらいたいと、本能スイッチを活用して工夫を施すことにしました。

（メリット）　　　　　　（本能スイッチのタイプ）　　　　（仕込む場所）

| 特別感があり | | |
| 幸せな気持ち | ??? | ??? |

×　　　　　　　×

=

本能スイッチ

???

本能スイッチの仕込み方①

まず、1つめの本能スイッチとしてコンフォート型を活用し、いつものケアより特別感があることを知ってもらうためにどういう工夫を施すか？　を考えました。毎日使う歯磨きペーストのサイズは、どのブランドもあまり差がありません。一方、美容液などコスメのスペシャルケアアイテムは、デイリーケアアイテムよりも小さいサイズ感のものが多いことが特徴です。そのため、スペシャルケアラインは通常の歯磨きペーストよりも、小さくてスリムなデザインにすることで、毎日使う歯磨きペーストとの差をつくり、"特別なケアアイテム"感をまとわせることにしたのです。

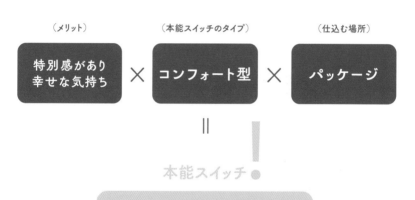

（メリット）　　　　（本能スイッチのタイプ）　　　（仕込む場所）

特別感があり
幸せな気持ち　×　コンフォート型　×　パッケージ

=

本能スイッチ

通常より小さくて
スリムな形

本能スイッチの仕込み方②

2つめの本能スイッチとしてミント型を活用し、スペシャルケアならではの"ワクワク感"を与えるためにどうするか？　を検討しました。

注目したのは、コスメでよく商品の作用や効果感を表すときに使われている表現。前述した事例の"シズル"に似て、期待感やワクワクを感じられる特徴があります。

そこでコミュニケーションの際に「集中美白」「最高濃度」「ディープクレンジング」といった言葉を活用しました。そうすることで、コスメのような期待感を言葉でも感じてもらうことを目指したのです。

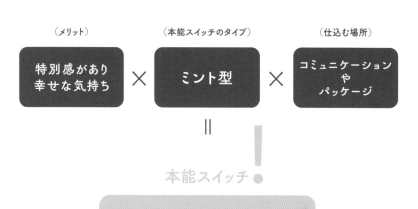

（メリット）　　　　　　　（本能スイッチのタイプ）　　　　　　（仕込む場所）

| 特別感があり幸せな気持ち | × | ミント型 | × | コミュニケーションやパッケージ |

＝

本能スイッチ ！

コスメ界でよく
使用されている言葉

本能スイッチの仕込み方③

よりスペシャル感を味わってもらうため、使うタイミングについてもセレモニー型の本能スイッチを仕込みました。

それは「週1回」という制限です。ハミガキは、基本的に毎日行うことが当たり前の習慣です。それをあえて使用するタイミングを「週1回」と絞ることで、まるでコスメの週末スペシャルケアのようなご褒美感をまとわせることができます。

このように本能スイッチを用いて"特別感"をまとわせることで、自分自身をキレイにするためのケアができているのが実感でき、幸せな気分につながっていくのです。

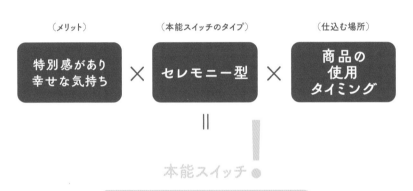

（メリット）　　　　　　　（本能スイッチのタイプ）　　　　　（仕込む場所）

| 特別感があり 幸せな気持ち | × | セレモニー型 | × | 商品の 使用 タイミング |

＝

本能スイッチ

「週1回」という 使用タイミング

「雪印メグミルク 6Pチーズ」の場合

雪印メグミルクは、「6Pチーズ」が
1954年の発売から2020年で66
周年を迎えるのを記念して、キャン
ペーンの展開を検討。66年分の感
謝の気持ちを表現するだけでなく、
いつもの6Pチーズなのに、普段より
幸せな気持ちになってもらうべく、本

能スイッチを仕込むことで、様々な工
夫を施す必要がありました。

（メリット）
いつもの6Pなのに、普段より幸せな気持ち

×

（本能スイッチのタイプ）
???

×

（仕込む場所）
???

||

本能スイッチ

???

本能スイッチの仕込み方①

まず、66年分の感謝の気持ちを伝える方法を検討しました。6Pチーズのデザインでもともと活用されていた赤色からインスピレーションを受け、6Pチーズのデザインをハートのデザインにすることを決定したのです。それは、外箱ではなく、あえて箱の中の個包装のデザインとしました。それにより、箱を開けるときのドキドキ感を作り出し、いつもより幸せな気持ちになってもらうことを目指したのです。

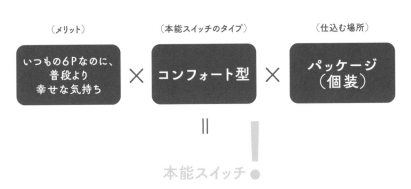

（メリット）
いつもの6Pなのに、普段より幸せな気持ち

×

（本能スイッチのタイプ）
コンフォート型

×

（仕込む場所）
パッケージ（個装）

‖

本能スイッチ！

ハートのデザイン

本能スイッチの仕込み方②

それに飽き足らず、箱を開けるときに
もっとドキドキしてもらうためにはどう
すると良いか、を検討しました。そこ
で、宝くじを買うようなワクワク感を
応用し、ハートのデザインが入ってい
る確率を約20%に設定。そうするこ
とで、ハートのデザインが入っていた
ときの幸せな気持ちをより一層高める

ことができたわけです。また、箱の
裏蓋にハートの数によって異なるメッ
セージを添え、感謝を伝えるとともに
さらに気分を高めてもらうことを目指
しました。

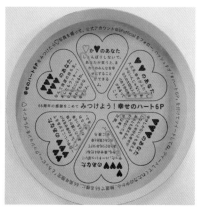

本能スイッチの仕込み方③

最後にもうひとつ。より一層幸せを
感じてもらうための仕掛けを施しまし
た。本キャンペーン開始時には発表
していなかったのですが、箱の裏蓋
に記載したハートの数によって異なる
メッセージの中に、隠れメッセージを
仕込みました。それぞれの説明文の
一部を縦読みすると見えてくる「しあ
わせ」という言葉です。これは発売
時にはあえて発表せず、隠れメッセー
ジを偶然見つけた人の気持ちを高め
ることを狙いました。その結果、メッ
セージを発見した人たちにより、見つ
けました報告や「幸せな気持ちにな
れる」、「粋な仕事だ」など SNS で
話題となったのです。

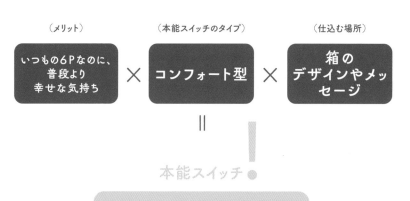

（メリット）　　　　　　　（本能スイッチのタイプ）　　　　（仕込む場所）

いつもの6Pなのに、普段より幸せな気持ち × コンフォート型 × 箱のデザインやメッセージ

＝

本能スイッチ！

隠れメッセージ

（おわりに）

アタマで考えるんじゃなくて、ハラワタで考えるんだ！

5 0も後半に差し掛かったクリエイティブディレクターの大先輩が、打合せでたまらずこんな言葉を漏らしたことがあります。難しいお題で、なかなかこれといった企画が生まれてこず、どうしたらいいものか？ とチームに重い空気が漂っていたときでした。チームメンバーの顔がさらに曇ったのは、言うまでもありません（笑）とはいえ、なんとなくわかる気がします。「腸は第二の脳」と言われたりしますが、日本語の中には「腹落ちする」「腹決めする」「腹をくくる」「腹が立つ」「腹黒い」「腹を探る」など、

あたかも腹に心があるかのような言い方が実に多くあります。心のずっと奥底の方にある超深層心理のような、そんなものがハラワタに存在しているかのようです。大先輩は、そんな腹に落ちるアイデアを待っていたのでしょう。しかしこの腹に落ちるアイデアというのはなかなか厄介で、簡単には姿をあらわしてはくれません。だからみんな悶えながら、呻きながら、のたうち回りながら考え続けるのです。あーもうだめだ、打合せが10分後に始まってしまう。と、そんなときに、ようやく涼しい顔をしてポコッとあ

らわれたりするのです。これは私だけの問題かと思っていたら、周囲のカリスマ的なクリエイターも同様のことを話していて、ホッとした記憶があります。そんな腹に落ちるアイデアは一様に「ちょっと非連続的」なのが特徴です。直線的に考え続けるだけではドツボにハマってしまいます。昔の上司から「真面目になっても真面目腐るなよ」とアドバイスをもらったことがありますが、私が理系出身だからなのか、つい視野が狭くなりがちで、どんどん焦ってきて、そうなってしまうといいアイデアは浮かばないものです。いったん沼から離れて、ふと力を抜いたときに、何かのはずみでちょっとズレた考えが入り込んだその瞬間に誕生するものです。しかしこのメカニズムは正直謎です。悶え、呻き、のたうち回るしか策はないのではと思ってしまいます。しかし、今回の本能スイッチのアイデアフルな数々

の事例をまとめているうちに、考える糸口のようなものが見えてきました。

それは、名付けるならば
「"あえて"発想法」です。

今回取り上げた本能スイッチは、「あえて〇〇」と語れるものが多いことに気づきました。
ハイボールは、ロンググラスではなく「あえてジョッキ」で提供しました。シャンパングラスは底に「あえて傷をつけて」泡を立てました。サイクロン式掃除機は「あえてゴミを見える化」し、エナジードリンクは「あえて濃い液色」をつけ、ハイブリッド車は「あえて人工のエンジン音」を後付けしました。つまり、本能を刺激するアイデアを考えたかったら、「あえて」という枕詞のあとにつづく言葉を強制的に考えれば近道というわけです。この「あえて」という言葉の

威力はどういうところにあるかというと、「常識を打ち破る」という点にあると考えます。アイデアを考える最大の障壁は、私たち人間の凝り固まった思考、常識なのです。あたり前だ、常識的だとひとたび脳にインプットされると、人は考えることをやめてしまいます。周囲と同じ考え方というのが保証されることで、安心感をおぼえて、その場から微動だにしなくなってしまうのです。つまりは、常識を打ち破るというのは、常識に染まった自分自身の安心感を打ち破るということなのでしょう。するとその先に腹落ちするアイデアが顔を出してくれるというわけです。

「創造性の4B」という言葉をご存じでしょうか？　4Bとはアイデアが浮かびやすい環境のことで、

Bus：バスや電車に乗っているときや移動中

Bathroom：入浴中やトイレに入っているとき

Bed：寝ているとき、寝る前、起きたとき

Bar：お酒を飲んで、リラックスしているとき

の4つを指します。

4つの共通点は、「リラックスしている」「ボーっとしている」ということです。がむしゃらに考え込みすぎず、肩の力を抜いたときにひらめきが沸いてくるというわけです。ちなみに私自身は、朝、会社に行くときに2駅分、30分ほど歩くのですが、そのときに思い浮かぶことが多いです。いつもの経路を同じペースで歩くその道のりは、いうなれば私的な"哲学の道"です。通いなれているので余計なことを考えなくてもいいけれど、すれ違う人や車が異なったり、天候が違ったり、それらがわずかな刺激となってアイデアが浮かぶのでしょう。前日

の夜中まで考えて行き詰った企画も、翌朝歩くことで難なく解決した経験が何度もあります。

とはいえ、いきなり「"あえて" 発想法」を発動させても本能スイッチは思い浮かびません。本文にも書きましたが、まずは生活者のメリットを考えて、そのメリットを強く感じさせるために、「あえて〇〇」にするという手順で考えましょう。ハイボールの場合も、「ビールのように乾杯を楽しむ」というメリットを実現するために、「あえてジョッキで提供」したのです。つまり、まずはとことんアタマで考える。そのあと脱力してボーッとすることで、常識という枠から解放され、ハラワタが目を覚ます。このタイミングで「あえて〇〇」と唱えてみることで、非連続的なジャンプができて、意外な本能スイッチが空から降ってくるでしょう。本能スイッチとは、メリットという概念的なものを具体的な体験に落と

し込むための装置なのです。

最後に、なぜ今、私たちが本書を出版したのかについて簡単にお話しします。

このところ仕事をしていると、CXという言葉をよく耳にするようになりました（世の中、なんとかXだらけだから、またXか！　とお思いでしょうが…笑）。Customer Experience の略で、顧客体験という意味です。アナログな商品だけでなく、デジタルのサービスが増えたことで、いかに顧客体験を向上させるかが、ビジネス成長のためのキーポイントになってきているのです。それを成功させる上で欠かせない要素が今回紹介した「本能スイッチ」。ついやりたくなる衝動を顧客体験に組み込んでおく必要性を普段の業務を通じて強く感じたのが、この本を執筆したきっかけです。それが上手に仕込まれてい

れば、過剰なＰＲをしなくとも、人が人を呼び、自然とユーザーが増えていきます。効率性、合理性が優位な今の時代においては、合議制で賢い意見が優先され、気が付けば"まともな結論"になってしまいがちです。しかし、それでは人がつい使い続けたくなる商品やサービスは生まれにくい。人は、そのつもりはなくても、怠けるし、裏切るし、嘘をつく非合理な存在だからです。だからもっと会議の席上で思い付きだったり、まったく関係ない雑談だったり、自分の大好きなものの話だったり、ときにアホな話だったり、そんな自由な発言を許容して、また言葉で説明できないものをビジュアルで示すとか、まずは日々のコミュニケーションに"あえて"非連続的なネタを組み込んでいった方がいいのだと思います。

その上で、この「本能スイッチ」を上手に組み込むために普段からやっておいた方がいいのは、多くの事例をインプットしておくことです。インプットが多ければ多いほどアウトプットの質は高まります。なぜならば新たなアイデアとは全くゼロから生まれるのではなく、諸先輩方の発明の歴史の少し先にあるものだからです。なので、アウトプットに行き詰ったら、いったん立ち止まって、インプットをしてみると乗り越えられたりします。

ただ、それ以上に自らアイデアのヒントを見つけ出すという作業は、自分の血肉になりやすいという意味でとても大事で、そのためには「観察グセ」をつけるとよいでしょう。いろいろな体験を目の当たりにして、その中から「本能スイッチ」を自ら発掘していくわけです。でも、実践してみると意外と難しい。観察もまた訓練だからです。上手にやるコツは「いじわるな視点」を持つこと。人は慣れ親しんだ状況に置かれると疑うことを

せず、つい受け入れてしまいがちです。まずは受け入れている自分を疑い、その事象に疑いの目を向けるのです。毎日歯磨きをしているけれども、なぜ飽きもせず続けているのか？　毎朝コンビニでなんとなく同じ緑茶を買ってしまうけれど、なぜそれを選び続けているのか？　三日坊主な自分がそのスポーツジムに通い続けられる理由は何か？　なぜ通信販売のWebサイトは似通ったデザインをしているのか？　逆に、なぜ新たな習慣が続かなかったのか？　に着目してみるのもいいでしょう。流れていく日常の中で、ちょっとした違和感に敏感になることが、思い込みやあたり前を疑うよい訓練になると思います。

結びに、謝辞を。本書を世に出すにあたって、編集者の中野亮太さんにはあまたの事例のファクトチェックを実に粘り強く行っていただき、本当に助けられました。出版プロデューサーの潮凪洋介さんには持ち前の太陽のような明るさで常に勇気づけられました。厳しい目で原稿をチェックしてくれた博報堂の茂呂譲治さん、山本京輔さん、勝又多喜子さん、広報チームのみなさん、そしてクライアントのみなさん、おかげで内容の精度がグッと高まりました。そして、業務の合間に原稿をせっせと執筆してくれたヒット習慣メーカーズのチームメンバーにも感謝です。
そして、最後まで読んでくれた読者のみなさん、ありがとうございました。本書をきっかけとして、面白い商品が生まれ、社会がもっと楽しくなったら、それ以上の喜びはありません。

博報堂 ヒット習慣メーカーズ
リーダー
中川 悠

参考文献・Web サイト

第一章　本能スイッチとは？

『習慣の力〔新版〕』チャールズ デュヒッグ　早川書房
（2019年）

第二章　ミント型

『図解!売れる色の法則』高坂美紀　秀和システム
（2006年）
『心理学×物理学×色彩学の研究でわかった!　なる
ほど「色」の心理学』都外川八恵　総合法令出版
（2021年）

Mouth Rinsing With a Pink Non-caloric, Artifi
cially-Sweetened Solution Improves Self-Paced
Running Performance and Feelings of Pleasure
in Habitually Active Individuals.、Brown DR,
Cappozzo F, De Roeck D, Zariwala MG and Deb
SK（2021年）
www.frontiersin.org/articles/10.3389/fn
ut.2021.678105

『シリーズ心理学と仕事1：感覚・知覚心理学』太田信
夫、行場次朗　北大路書房（2018年）
『脳には妙なクセがある』池谷裕二　扶桑社
（2012年）

日本調理科学会誌 35（2020年）
食品の色彩と味覚の関係　−日本の20代の場合-
www.jstage.jst.go.jp/article/cookeryscience
1995/35/1/35_2/_pdf

『色の不思議が面白いほどわかる本　なぜ人は色に
左右されるのか』びっくりでーた編集部　河出書房新社
（2005年）

『科学的に正しい上機嫌の習慣　怒り・ストレス・不安
を完全リセット!』堀田秀吾　PHP研究所（2021年）

『集中力　パフォーマンスを300倍にする働き方』井上
一鷹　日本能率協会マネジメントセンター（2017年）
『100％集中法』藤野敬介　フォレスト出版

（2019年）
Why You Can Focus in a Coffee Shop but Not in
Your Open Office
https://hbr.org/2017/10/why-you-can-focus-in-
a-coffee-shop-but-not-in-your-open-office

『眠れなくなるほど面白い 図解 心理学の話』日本文
芸社（2015年）

Australian Government Department of Health
and Aged Care
Market research reports on tobacco plain pac
kaging and graphic health warnings（2011年）
www.health.gov.au/resources/collections

『人に話したくなる物理　身近な10話』江馬一弘　丸
善（2006年）
『物理のしくみ　図解雑学』井田屋文夫　ナツメ社
（2005年）

『長生きしたい人は歯周病を治しなさい』天野敦雄
文藝春秋（2021年）
『オーラルケアのためのアロマサイエンス：口腔内の健
康に活かされる香り』千葉栄一、新谷明喜
フレグランスジャーナル社（2007年）
『醸造・発酵食品の事典 普及版』吉沢淑、石川雄章、
蓼沼誠、長澤道太郎、永見憲三編　朝倉書店
（2010年）
『食品工学ハンドブック』日本食品工学会編　朝倉書
店（2006年）
『世界の最新医学が証明した究極の疲れないカラダ』
仲野広倫　アチーブメント出版（2017年）
『肩こりの9割は自分で治せる』竹井仁　イースト・プレ
ス（2016年）
『石垣島広報 8号』（2010年）

『オーラルケアのためのアロマサイエンス：口腔内の健
康に活かされる香り』千葉栄一、
新谷明喜　フレグランスジャーナル社（2007年）
『自律神経にいいこと超大全』小林弘幸　宝島社
（2021年）

飲料開発ほぼゼロだからできた、お茶に"健康"という付加価値『ヘルシア緑茶』が変えたユーザー意識
https://www.oricon.co.jp/special/60254/

『脳内麻薬 人間を支配する快楽物質ドーパミンの正体』中野信子　幻冬舎新書(2014年)
『遠ざけの法則』中山マコト　プレジデント社(2018年)

『金鳥の百年:大日本除虫菊株式会社百年史』大日本除虫菊株式会社社史編纂室編　大日本除虫菊(1988年)
『除虫菊と蚊取り線香:上山英一郎翁の先見性と地域産業への貢献』御前明良　デザインブック社(2020年)

産学官連携ジャーナル
https://www.jst.go.jp/tt/journal/journal_contents/2017/07/1707-06_article.html

『香りの科学はどこまで解明されたか』青島均　フレグランスジャーナル社(2007年)

『図説人体の不思議II 五感と生殖の小宇宙』西永裕　秀和システム(2018年)

無臭元工業株式会社「ガス臭気専用クレーム対策薬剤の開発」
https://www.mushugen.co.jp/note_02/
『サルファーケミカルズのフロンティア』中山重蔵　シーエムシー出版(2007年)
『図解入門よくわかる最新音響の基本と仕組み』岩宮眞一郎　秀和システム(2007年)

『おいしさと泡―はじける泡、はしゃぐ泡、重なる泡、沈黙の隙間』畑江敬子　光生館(2019年)

第三章　コンフォート型
『脳のしくみがわかる本　気になる「からだ・感情・行動」とのつながり』加藤俊徳　メイツ出版(2021年)

『泡の生成メカニズムと応用展開』野々村美宗　シーエムシー出版(2017年)
『機能性化粧品の開発III』鈴木正人　シーエムシー出版(2007年)

『日本ビール検定公式テキスト2022年5月改訂版』一般社団法人日本ビール文化研究会　マイナビ出版(2022年)

『シズルのデザイン』B・M・FTことばラボ　誠文堂新光社(2017年)

『ゆらぎの発想―1/fゆらぎの謎にせまる』武者利光　NHKライブラリー(1994年)
『そうだ、焚き火をしよう　忘れかけていた大切なものを取り戻す焚き火コミュニケーション』三宅哲之　ごきげんビジネス出版(2021年)

『図解　身近な科学 信じられない本当の話』涌井貞美　KADOKAWA(2018年)
『図解入門よくわかる最新LED照明の基本と仕組み』中島龍興、福多佳子　秀和システム(2011年)
『決定版色彩心理図鑑』ポーポー・ポロダクション　日本文芸社(2020年)
『図解入門よくわかる最新音響の基本と応用』岩宮眞一郎　秀和システム(2011年)

東急ハンズ　ヒントマガジン
https://hands.net/hintmagazine/kitchen/2011-shupatto.html

『実践 行動経済学』リチャード・セイラー、キャス・サンスティーン　日経BP(2009年)
『人を動かすマーケティングの新戦略 「行動デザインの教科書」』博報堂行動デザイン研究所、國田圭作　すばる舎(2016年)
成田空港第3ターミナルに陸上トラックが現れた理由は？ クリエイティブラボPARTY『伊藤直樹が仕掛けた「空港のデザイン」』https://news.mynavi.jp/techplus/article/20150408-lcc

『子どもと楽しむ日本おもしろ雑学500』西東社(2016年)
『触れることの科学』デイヴィッド・リンデン　河出書房新社(2016年)

『ラディカル・プロダクト・シンキング イノベーティブなソフトウェア・サービスを生み出す5つのステップ』ラディカ・ダット　翔泳社(2022年)
『マーケティング最新動向調査 2020』MarkeZine編集部　翔泳社(2020年)

『ジーニアス英和辞典 第6版』大修館書店（2022年）

『酒とつまみのウンチク』居酒屋友の会 PHP研究所
（2009年）
『酒のほそ道 宗達流日本酒入門』ラズウェル鈴木
日本文芸社（2014年）
『超・居酒屋入門』太田和彦 新潮社（2003年）

『月刊ESP、Economy Society Policy』第1〜12号
経済企画協会（2006年）

第四章 ダム型

『人の脳にはクセがある』小林明道 新潮新書
（2015年）

『図書館情報技術論』田中均 青弓社（2019年）
『これからの図書館：まちとひとが豊かになるしかけ』
谷一文子 平凡社（2019年）

『人を活かし成果を上げる実践モチベーション・マネジ
メント』一般社団法人モチベーション・マネジメント協
会 PHP研究所（2016年）
『早く、社長になりなさい』岩田松雄 廣済堂出版
（2013年）

『自治体職員のためのナッジ入門：どうすれば望ましい
行動を後押しできるか?』特定非営利活動法人Policy
Garage 公職研（2022年）
『行動経済学のしくみ』真壁昭夫 西東社（2022年）
『お客をハメる「売れる!」心理学』内藤誼人 学研パ
ラス（2009年）

『三日坊主防止アプリ「みんチャレ」仲間と習慣化めざ
す』日経MJ（2022年8月7日掲載）
『行動経済学の使い方』大竹文雄 岩波新書
（2019年）

『マネジャーの最も大切な仕事』テレサ・アマビール、
スティーブン・クレイマー 英治出版（2017年）
『増補改訂版 基礎から学ぶスポーツトレーニング理
論』伊藤マモル 日本文芸社（2017年）

『デザイニング・データビジュアライゼーション』Noah
Iliinsky、Julie Steele オライリージャパン（2012年）

『ビジネスデザインのための行動経済学ノート バイア
スとナッジでユーザーの心理と行動をデザインする』中
島遼太郎 翔泳社（2021年）

第五章 アナログ化型

『電子マネー戦争Suica一人勝ちの秘密 魔法のカー
ドの開発秘話と成功の軌跡』岩田昭男 中経出版
（2005年）
『インタラクションデザインの教科書』Dan Saffer
毎日コミュニケーションズ（2008年）

「お金を払った感」はどのようにデザインすればよいの
か https://goodpatch.com/blog/fintech-inter
action-design

『子どもの中世史』斉藤研一 吉川弘文館（2012年）
『印鑑入門』清水啓二、片野孝志 保育社（1991年）
『物と金の雑学270種』brilliant出版（2020年）
『はんこと日本人』門田誠一 吉川弘文館（2018年）

Goodpatch brog
https://goodpatch.com/blog/progress-indicator

『自動車技術ハンドブック第10分冊 設計（EV・ハイ
ブリッド）編』社団法人自動車技術会（2011年）

『SNS変遷史 「いいね!」でつながる社会のゆくえ』
天野彬 イースト・プレス（2019年）
『アーキテクチャの生態系：情報環境はいかに設計さ
れてきたか』濱野智史 ちくま文庫（2008年）
『インターネット文化論-その変容と現状』櫻庭太一
専修大学出版局（2010年）

「感情の共有」、「負荷との戦い」---ニコニコ動画の技
術
https://xtech.nikkei.com/it/article/COLU
MN/20071211/289262/

"Touch-flavor transference:Assessing the effect of
packaging weight on gustatory evaluations, desire
for food and beverages, and willingness to pay"
Kristina Kampfer, Alexander Leischnig, Björn
Sven Ivens ,Charles Spence, PLOS ONE（2017年）
https://journals.plos.org/plosone/article
?id=10.1371/journal.pone.0186121

『「硬さ」「重さ」の感覚と消費者の意思決定－身体認知理論に基づく考察』外川拓、石井裕明、朴宰佑 JAPAN MARKETING JOURNAL Vol.35 No.4（2016年）
https://www.jstage.jst.go.jp/article/marketing/35/4/35_2016.016/_pdf/-char/ja

『心理学ワールド98号　小特集「質感と感性コミュニケーションに大事な温度感覚」』何昕霓　日本心理学会（2022年）

『流通の基礎テキスト』植村八潮　流通協議会（2014年）
『これからのUIの教科書 －ユーザーインターフェース設計入門』川俣晶　技術評論社（2013年）

第六章　セレモニー型
『NAOTO FUKASAWA』深澤直人　ファイドン・プレス社（2014年）
『A life with MUJI』杉本貴志　MUJI BOOKS（2018年）

ザ・インタヴュー　深澤直人「デザインというものを考える前に」
https://www.designstoriesinc.com/special/tsuji-interview_naoto_fukasawa2/

『「ニキビ」をかわいくデコるパッチがZ世代に大人気!』TABI-LABO（2020年）
https://tabi-labo.com/293466/wt-starface

『米国のブランディング事例！ニキビパッチがZ世代を魅了している?』Ys AND PARTNERS（2021年）
https://ysandpartners.com/jp/blog/us-branding-casestudy-acne-patches-and-generation-z

『D2C　「世界観」と「テクノロジー」で勝つブランド戦略』佐々木康裕　株式会社ニュースピックス（2020年）

『ELLE』2021年7月号
『最新化粧品科学 改訂増補』日本化粧品技術者会編　薬事日報社（1988年）
『リップ化粧品の科学』柴田雅史　日刊工業新聞社（2012年）

レファレンス協同データベース
https://crd.ndl.go.jp/reference

CYAN
https://cyanmag.jp/1131

紫外線環境保健マニュアル2020　環境省 https://www.env.go.jp/content/900410650.pdf

『美しいノイズ』谷尻誠、吉田愛　主婦の友社（2021年）
『醤油本』高橋万太郎、黒島慶子著　玄光社（2015年）

『寝る脳は風邪をひかない』池谷裕二　扶桑社（2022年）
『精神科医が見つけた3つの幸福』樺澤紫苑　飛鳥新社（2021年）

『思わずためしてみたくなる マンガ 心理学1年生』齊藤勇　宝島社（2022年）

『マンガでなるほど!男の子に「すごい」「えらい」はやめなさい。』竹内エリカ　主婦の友社（2017年）
『子どもに効く栄養学』中村丁次、牧野直子　日本文芸社（2018年）
『「お母さんの愛情不足が原因」と言われたとき読む本』曽田照子　中経出版（2012年）
『子どもの才能を伸ばす5歳までの魔法の「おしごと」』丘山亜未　青春出版社（2022年）

『教養のトリセツ　心理学』横田正夫　日本文芸社（2016年）

How to get the most from Together mode Microsoft
https://techcommunity.microsoft.com/t5/microsoft-teams-blog/how-to-get-the-most-from-together-mode/ba-p/1509496

おわりに
『学びを結果に変える　アウトプット大全』樺沢紫苑　サンクチュアリ出版（2018年）

中川 悠（なかがわ ゆう）
生活者エクスペリエンスクリエイティブ局
ヒット習慣メーカーズ リーダー
戦略 CD
大学の理工学部を卒業後、メーカーのエンジニアとして携帯電話の設計に携わる。その後、博報堂に転職。現在は、戦略 CD として広告のみならず、商品開発やアプリ開発など幅広い領域のクリエイティブディレクションを行っている。休日は神社に行って、くたびれた心身に「氣」を注入している。お気に入りは秩父の三峯神社。

鈴木 康司（すずき こうじ）
生活者エクスペリエンスクリエイティブ局
ヒット習慣メーカーズ／戦略 CD
2007 年博報堂入社。戦略 CD として戦略から戦術までを一貫してディレクション。海外在住経験を活かし、グローバルブランドや企業の海外展開および日本参入プロジェクトに多数参加。流行りものには飛びつかずにはいられないドミーハー。休日は家でアイドルの DVD を見るのが好き（主にジャニーズ）。

金田 彩佳（かねだ あやか）
関西支社ビジネスデザイン局
ヒット習慣メーカーズ／マーケティングプラナー
2017 年博報堂入社。食品・消費財・製薬など様々な業界のコミュニケーションプランニングや商品開発、ブランディングなどを担当。ヘルシー＆ビューティー関連とアイドルがライフワーク。アイドルのライブ空間のように、多くの人が幸せを実感する瞬間をプランニングすることを目標に日々奮闘中。

山本 健太（やまもと けんた）
生活者エクスペリエンスクリエイティブ局
ヒット習慣メーカーズ／イノベーションプランナー
2017 年博報堂入社。以来、戦略とクリエイティブの統合プランニングを武器に、ブランドデザインやコミュニケーション開発を担当。国内外の様々なカルチャーへの興味を活かし、新しい生活文化を育むプランニングに日々奮闘している。最近のマイブームは、野生回帰。旅と写真と音楽をこよなく愛する。

楠田 勇輝 （くすだ ゆうき）
関西支社マーケットデザインビジネス推進局
ヒット習慣メーカーズ／イノベーションプランニング
ディレクター
2011 年博報堂入社。コミュニケーション領域に
限らず、新規事業立ち上げ、ビッグデータを活用
したデータドリブン業務、上海博報堂での実務な
ど、事業視点でのプランニングに取り組む統合マー
ケターとして従事。休日は、キャンプやスノーボー
ドなどアウトドアを楽しみ、阪神タイガースをこよ
なく愛する。

植月 ひかる （うえつき ひかる）
第一 BX マーケティング局
ヒット習慣メーカーズ／マーケティングプランナー
2017 年博報堂入社。様々な商品・サービスを
対象に、プランニングからブランディング、商品開
発まで幅広く担当。最近では、自分の好きな音
楽関連の業務まで領域を拡大中。K-POP アイド
ルのオタクで、かつ辛いものが大好きなので、長
期休暇は大体韓国で過ごしている。

永井 大地 （ながい だいち）
北海道博報堂 統合プランニング局
ヒット習慣メーカーズ／イノベーションプランナー
大学卒業後、Uターンで北海道博報堂入社。マー
ケターからキャリアをスタートし、博報堂への出向
を経て現職に。手段を問わず戦略立案から社会
実装までコミットする、なんでもプランナー。休日は、
まだ見ぬ生活者インサイトを発掘すべく、アング
ラからメインストリームまで、日夜どこかの街を徘
徊している。

中林 磨美 （なかばやし まみ）
生活者エクスペリエンスクリエイティブ局
ヒット習慣メーカーズ／マーケティングプランナー
2021 年に博報堂入社。食品・通信・家電など
の領域を担当し、戦略立案や企画提案に従事。
キャラクターが持つ力を信じて、キャラクターマーケ
ティングの修行中。休みの日は、ふらふら知らな
いところへ行くのがすき。ジブリ作品と任侠映
画をよく観る。守り神はカエル。

本能スイッチ

2023年2月22日　初版第1刷発行

博報堂 ヒット習慣メーカーズ

ブックデザイン：森敬太（合同会社 飛ぶ教室）
カバーイラスト：error403
本文イラスト：薄井暁生

発 行 人：永田和泉
発 行 所：株式会社イースト・プレス
　　　　　〒101-0051
　　　　　東京都千代田区神田神保町2-4-7 久月神田ビル
　　　　　Tel.03-5213-4700 Fax.03-5213-4701
　　　　　https://www.eastpress.co.jp

印 刷 所：中央精版印刷株式会社